책쓰기

AI가 묻고 인간이 답하다

[일러두기]

본 도서는 AI(인공지능)와 작가의 Q & A 형식으로 작가의 경험과 지식을 기술한 글로써 대상(AI, 혹은 인간)에 따라 어미語尾가 다를 수 있습니다. (예: ~ 하나요. ~ 합니다. ~ 이다. ~ 한다. ~이야. ~거지. ~있어. 등) 또한 작가의 주력 분야(에세이, 자기 계발, 시 등)의 성격에 맞추어 편집된 것도 있음을 알려 드립니다.

책 쓰기

인공지능도 모르는 작가들의 책 쓰는 비법

AI가 묻고
인간이 답하다

송하영 윤소정 황순유 유지나 이호경 김기진 흔들의자 지음

흔들의자

이 책은 '누드김밥'이 나온 원리와 같다.
책 쓰고 싶은 당신을 대신해
인공지능은 작가들에게 무엇을 물었을까?

챗GPT 의존으로 카피캣 인간이 늘고 있다. 인간의 순수 창작 분야인 문학과 예술도 학습된 데이터로 글도 쓰고 그림도 그리고 작곡도 한다. 정보의 질적 수준이 높고 접근성이 쉽고 빠르다는 건 인정한다. 하지만 인간의 영역인 순수 창작 활동도 인공지능에 맡겨 버리는 '의존도의 차이'가 문제다. 글이든 예술이든 창작 활동에 있어 도를 넘은 AI 의존은 인간이 느껴야 할 부끄러움이다. 인간만이 할 수 있는 '창조력 상실'을 경계해야 한다.

생성형 AI는 학습된 데이터를 짜깁기하여 배설하는 신박한 재주가 있다. 인간은 이미 기계에 졌다. 알파고와 바둑 대결에서 4국의 78수를 '신의 한 수'라며 흥분하지 않았던가. 기술은 하루가 다르게 발전하지만, 인간의 사고력은 갈수록 퇴보하는 느낌이다. 내비 없이 고향집을 찾아갈 수 있는 사람은 몇이나 될까?

이 책은 인공지능도 모르는 작가들의 출간 경험 이야기다. '흔들의자'에서 2종 이상 출간한 4·50대 중반으로 각 분야에서 20년 이상 종사한 사람들이다. 피아니스트, 시인, 방송인, 한의사, 초등교사, HR 전문가, 출판사 대표가 책을 쓰고 싶은 사람에게 '경험을 나누자'라는 뜻에서 나왔다. 흥미로운 건 챗GPT에게 각자의 경험과 의도를 알려 주고 질문을 추리기도 했다.

생성형 AI의 발전 속도를 능가할 응용 프로그램은 아직 나오지 않았다. 데이터의 집적으로 정보의 양은 더 많아지고 속도는 더 빨라지겠지만 인간의 창의력과 경험까지 알 수는 없다. 이 도서의 책명은 '역발상'이 무엇인지 보여 주는 '누드김밥의 탄생 원리'와 같은 것이다. 아직 AI(인공지능)는 인간처럼 역발상 하는 단계까지 이르지 못했고, 더 나아가 AI는 사람만이 가진 창조적 능력과 개개인의 경험을 대체할 수 없어 다행이다.

AI의 발전 속도가 놀라움을 넘어 두렵다. SF영화에나 나올 법한 장면, 인간의 머리를 스캔하면 생각은 물론 저마다의 경험까지 데이터로 소유하게 될까 봐 오싹하다. 머지않은 미래에 닥칠 일이지만 인공지능이 발달을 거듭해 기계가 인간에게 질문하는 날이 올 것이다. 그때가 되어 '인간은 왜 책을 쓰려고 하나요?'라고 AI가 물었을 때 당신은 어떻게 대답할지 궁금하다.

흔들의자

−차례−

들어가며 | 이 책은 '누드김밥'이 나온 원리와 같다.
책 쓰고 싶은 당신을 대신해 인공지능은 작가들에게 무엇을 물었을까? 4

송하영 | 너도? 나도! 우리 모두 작가가 될 수 있어!

프롤로그_10
1_책을 쓰기 위해 가장 중요한 것-누구도 들려줄 수 없는 나만의 이야기, 콘텐츠 14
2_책을 낼 때 가장 힘든 것 18
3_책이 세상에 나오는 과정과 준비 24
4_그 외, 책을 쓰는 데 도움이 될 만한 기타 정보들 48

윤소정 | 책을 쓰고 싶은 당신, 무엇부터 시작해야 할까?

1_책을 쓰는 것과 글을 쓰는 것, 어떤 것을 목표로 할 것인가? 56
2_내가 자신 있는 분야를 찾아라. 62
3_특정 분야의 지식, 전공 용어를 쉽게 전달하는 방법 69
4_좀 더 다양한 글을 쓰고 싶다면, 용기 내서 도전하라. 81
5_좋은 글을 쓰기 위한 방법 86

황순유 | 읽고 쓰고 말하고 듣다

프롤로그 94
1_책 쓰기, 어디부터 손을 대야 하나요? 98
2_말과 글의 차이는 무엇인가요? 106
3_당신의 글은 어떤 옷차림을 하고 있나요? 109
4_출판사가 찾아오기도 하나요? 113
에필로그 118

유지나 | 시는 어떻게 쓰나요?

1_시를 쓰는 방법을 알려주세요. 122
2_어떤 시를 써야 할까요? 127
3_편하게 시를 쓰는 방법이 있나요? 131
4_영감은 어떻게 받나요? 135
5_인지도를 높이려면 어떻게 하나요? 138
6_잊히지 않으려면 어떻게 하나요? 142
7_투고하는 방법을 알려주세요. 147

이호경 | 책 쓰기, 아직도 망설이나요?

1_책 쓰는 게 두려워요 154
2_책을 쓰면 삶에 어떤 도움이 되나요? 164
3_책은 혼자 쓰나요? 173
4_선생님은 아이들에게 글쓰기를 어떻게 가르치나요? 180

김기진 | 책쓰기 레볼루션: 달아 달아 두 달아

1_뚝딱: 두 달 만에 책 쓰기 과연 가능할까? 194
ChatGPT 300% 활용법 / ChatGPT를 활용한 아이디어 발굴 /
ChatGPT로 손쉽게 목차 짜기 / 개인적 경험을 책에 담는 방법

2_저자는 어디서 찾고, 어떻게 육성을 해야 할까? 201
저자 발굴과 육성 방법 / 잠재력 있는 HR 저자 발굴 / 저자 커뮤니티 구축 방법 /
콘텐츠 개발을 위한 워크숍 진행 방법

3_시인: 누구나 시인이 되는 방법이 있다고? 210
시를 쉽게 쓰는 방법 / 때시(詩): 상황과 감정을 연결하는 방법 / A=B(詩): 언어 정의를 통해
새로운 관점을 발견하는 방법 / 몰입과 시작(詩作): 짧은 시간에 다양한 시를 창작하는 방법

4_강의: 책 출판과 강의 연계는 어떻게 해야 하는 거니? 217
아줌마 성공: Zoom으로 3만 5천 명 강의 스토리 /
HR 프로듀서로서의 성장: 강사료의 10배로 늘리기 / HR GPTer: 7천 명에게 ChatGPT 활용법 강의 스토리

흔들의자 | 아직 당신의 이야기는 책으로 나오지 않았다

1_출판사 대표가 말하는 책을 쓴다는 것은? 226
2_출판사는 왜 실용서를 더 선호하는 걸까요? 232
3_아차! 현역 때 출간할 걸 그랬군! 235
4_출판사가 좋아하는 저자는 따로 있나요? 238
5_책 쓰기 전부터 명심할 네 가지 사항은? 241
6_베스트셀러보다 스테디셀러가 좋지 않나요? 248
7_아직 당신의 이야기는 책으로 나오지 않았다. 251

송하영

피아니스트 송하영은 2004년 예술의 전당 리사이틀 홀 데뷔 후 국내외에서 활발한 활동을 펼치고 있다. 예술의 전당, 금호 아트홀, 세종문화회관 등 메이저 홀은 물론 작고 낮은 무대까지 문화 소외 계층을 위한 활동도 이어오고 있다. 또한, 대학, 관공서, 기업 등에서 '클래식 테라피'를 주제로 그녀만의 깊은 철학적 고뇌를 담은 강연을 하고 있으며 진정한 클래식의 대중화에 힘쓰고 있는 그녀는 유튜브 채널 <뭉쳐야 클래식, 뭉클>을 통해서도 음악을 통한 소통의 폭을 넓혀가고 있다. 2022년에는 학교 밖 청소년들을 위한 (사) 들꽃 청소년 세상의 홍보 대사로 위촉되어 예술을 통한 사회 운동에도 노력하고 있다. 청소년 권장도서인 《어느 피아니스트의 서시》 외에도 《마음아 괜찮니》, 《유비백세》 등의 저서가 있다.

너도? 나도!
우리 모두 작가가 될 수 있어!

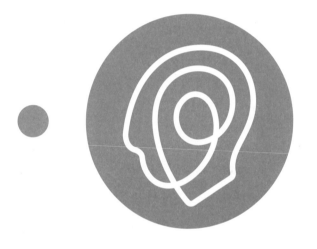

너도? 나도!
우리 모두 작가가 될 수 있어!

바야흐로 '온디바이스On-Device 시대'다. 별도의 특별한 기계 없이 스마트폰 하나만 갖고 있다면 누구나 인공지능을 활용할 수 있는 시대라는 말이다. 우리는 인공지능이 실시간으로 제공하는 여러 가지 수준 높은 정보들을 누리며 사는 편리한 세상을 살고 있다.

그리하여 책을 읽는 사람들은 많이 줄었다. 예전엔 지식과 정보를 얻을 수 있는 수단이 오직 '책'에 국한되어 있었지만 이제는 지식과 정보를 얻을 수 있는 경로가 정말 다양해졌기 때문에 사람들이 예전만큼 책을 찾지 않는 것은 어쩌면 마땅한 시대의 흐름이자 트렌드일 수 있다.

그런데 아이러니하게도 작가가 되고 싶다는 사람들은 날로 넘쳐난다. 아무도 책을 읽지 않는 세상이지만 너도 나도 책을

내고 싶어 하는 세상. 수요는 극도로 줄어드는데 공급은 넘쳐
나는 시장. 그러니 작가가 된다는 것, 즉 한권의 책을 이 세상에
내놓는다는 것이 얼마나 어렵고 치열한 일인지는 너무 쉽게
이해할 수 있다.

"어떻게 하면 책을 낼 수 있어?"
"작가가 되려면 나는 무슨 일을 준비해야해?"

지금 이 시간에도 그 어렵다는 작가를 꿈꾸는 사람들이 인공지
능에게 비법을 묻고 있을 것이다. 당연히 무엇이든 다 알고 있
는 인공지능은 거침없는 대답을 인간에게 해 줄 것이다. 그리고
그렇게 인공지능으로부터 얻은 답변을 참고하여 많은 사람들이
작가에 도전하고 있을지도 모른다.

인공지능은 이렇게 모든 분야에 대해 빠르게 지식과 정보들
을 알려주지만 답변을 하는 인공지능은 엄밀하게 말해 자신이
알고 있는 것을 말하는 똑똑한 존재가 아니다. 조금만 더 깊이

생각해 본다면 결국 인공지능이 우리에게 해 주는 대답의 원천은 본래 인간들의 것이다. 우리 인류가 오랜 시간 쌓아 온 방대한 양의 지식과 경험을 모두 '학습'하고 응축해서 내놓는 것일 뿐, 마치 자신의 지식인양 대답하지만 엄밀히 말해 그것은 결국 우리 인간이 해냈던 모든 일들의 집대성에 불과하다.

그러므로 이제 '온디바이스' 시대를 살아가는 우리는 양질의 좋은 정보들을 할 수 있는 한 많이 이 세상에 남겨야만 한다. 그래야 인공지능이 유익하고 올바른 정보들을 취합하여 학습할 것이고 그렇게 내놓은 바른 정보들을 다시 인간들이 받아 이용하는 선순환을 이룰 수 있다. 그런 의미에서 나는 이제 인공지능에게 나만의 경험을 들려주어 '학습'시키고자 한다. 작가가 되고 싶어 하는 사람이 인공지능에게 그 방법을 물었을 때 인공지능이 내게서 들은 진심어린 경험담을 다시 또 그에게 전달해주기 바라는 마음으로.

하여, 나는 평소에 내가 자주 사용하는 인공지능인 '구글^{Google}'
에서 내놓은 생성형 AI 챗봇, 바드^{Bard}'를 불러 물었다.(책을 쓰던
2024년 1월 즈음, 구글의 생성형 AI 챗봇은 '바드'였다만, 책이 출간되는 시점인 2024
년 3월엔 '바드'는 이미 구시대의 유물로 사라졌고 'Gamini'로 업그레이드가 되었다.
인공지능은 실로 무서운 속도로 빠르게 발전하고 있다.)

단 한 번도 책을 내 본 경험이 없는 평범한 사람이라고 스스
로를 가정하고 "만일 네가 작가가 되어 책을 내기 원하고 있
다면 이미 책을 4권이나 내 본 경험을 가진 나에게 무엇을 묻
고 싶은지"를!

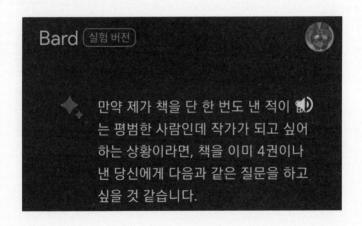

1. 책을 쓰기 위해 가장 중요한 것–
누구도 들려줄 수 없는 나만의 이야기, 콘텐츠

feat: 책을 쓰는 데 가장 중요한 것은 무엇이라고 생각하십니까?

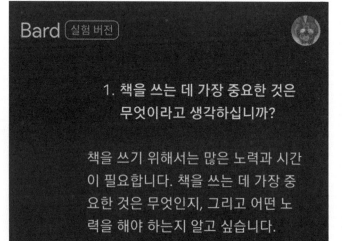

인공지능의 시대, 인간이 내놓을 수 있는 가장 소중한 것은 이제 지식이 아니다. 오히려 인간의 지식은 인공지능의 발전으로 인해 점점 더 초라해지고 있다. 앞으로 인간에게 지식은 습득하고 익히는 것이 아닌 그때그때 검색하고 찾아보는 것이 될 확률이 높다. 그러므로 온디바이스 시대, 책을 내고자 하는 사람에게 가장 중요한 것은 전문적 지식이 아닌 '나만의 이야기' 즉 콘텐츠가 될 것이라고 나는 생각한다.

기술의 눈부신 발전에 힘입어 언제든 인공지능과 함께 소소한 일상적 대화를 나눌 수 있고 무엇이든 원하는 대로 수준 높은 정보를 실시간으로 얻을 수도 있는, 우리는 그야말로 '이 편한 세상'을 살고 있다. 이런 편리한 세상을 사는 인간들은 더 이상 책으로 지식을 얻지 않는다. 책으로 얻을 수 있는 모든 정보가 이제는 너무도 다양한 매체에 널려있고 그 정보들을 습득하는 과정 또한 책을 읽는 것보다 훨씬 더 쉽고 편하다.
예를 들어 '니체의 철학'에 대해 알고자 한다면 골치 아프게 니체가 쓴 그 어렵고도 긴, 베게로 써도 손색이 없고, 벽돌을 삼아 집을 지어도 무방할 만큼 엄청나게 두꺼운 책을 읽으며 이해하고자 낑낑대는 대신 간단하게 인공지능을 불러 물어보면 끝이다. "후 이즈 니체?"

이렇게 책의 역할이 작아져 얼핏 무용한 지경에 이르렀어도 도서시장은 축소되고 작아지긴 했을지언정 책은 아직도 소멸하지 않은 채 우리 곁에 굳건하게 남아있다.

그 이유가 무엇일까?

인간은 본능적으로 깊은 사고를 추구하고자 한다. 사고하고 사색하는 것, 바로 그것이 인간이 여타의 동물과는 달리 갖고 있는 유일한 본능이다. 인간은 끊임없이 다른 사람들의 생각을 듣고 배우고 공감하기를 갈망하고 즐겨하며 그렇게 타인의 삶을 통해 공감한 내용들을 자신의 삶에 반추하며 스스로를 돌아보고 위로하며 또 치유한다. 이것이 많은 사람들이 아직도 책을 통해 자신의 이야기를 들려주는 '작가를 꿈꾸는 이유'일 것이고 아직도 사람들이 변함없이 '책을 찾는 이유'일 것이다.

그러므로 작가가 되기 위한 가장 중요한 일을 내게 묻는다면 당신만의 콘텐츠를 갖는 것이라 말하고 싶다. 인공지능의 학습 범주 안에 아직 미처 들어가 있지 않은, 인간만이 겪을 수 있는 그런 이야기를 가진, 작가는 그런 사람이다.

혹시 세월이 이렇게 좋아졌으니 인공지능을 활용하여 끝내주는 콘텐츠를 단 한 방에 얻을 수 있는 '지름길'을 알고 싶은가? 미안하지만 그런 방법은 없다. 있다 해도 한 방에 쉽게 얻은 콘텐츠의 생명력이란 보지 않아도 뻔하다. 설사 인공지능의 도움으로 생명력도 엄청 긴, 훌륭한 콘텐츠를 단 한 방에 얻었다고 해도, 또 그 콘텐츠를 바탕으로 모든 글을 인공지능이 전담하여 도맡아 쓴다고 해도, 도둑질도 알아야 하지, 그 글의 방향을 통제하고 수정하여 완성하는 일은 결국 인간의 몫이기에 아무리 전지전능한 인공지능이라도 '아무것도 노력하고 싶어 하지 않지만 업적을 이루고는 싶어 하는' 약아빠진 인간을 도와줄 수는 없다.

이 글은 '인공지능을 활용한 쉽고 빠른 글쓰기 비법'이 아니다!

'AI가 묻고 인간이 답하다'
즉 책을 출간하는 '인간의 방법'이다.

2. 책을 낼 때 가장 힘든 것

feat: 책을 쓸 때 가장 어려운 점은 무엇입니까?

Bard 실험 버전

2. 책을 쓸 때 가장 어려운 점은 무엇입니까?

책을 쓰는 과정에서 어려움을 겪는 부분이 있을 것입니다. 그 중에서 가장 어려운 점은 무엇인지, 그리고 어떻게 극복하셨는지 알고 싶습니다.

책을 쓴다는 것, 글을 쓴다는 것은 정말 아무것도 없는 새하얀 백지 위에 오직 나의 생각만을 논리적으로 전개하여 적어나가야만 하는, 그야말로 '무에서 유를 창조'하는 쉽지 않은 일이다. 그 과정에서 어렵다고 생각되는 일이 어디 한두 가지겠냐만 개인적으로 책을 쓸 때마다 가장 힘들다고 생각하는 점 두 가지, 하나는 출판사에서 제시한 원고의 '분량'을 알차게 채우는 일이고 다른 하나는 그 원고를 제시간에 맞춰 제출하는 '마감'에 대한 압박이다.

분량에 대한 극복–나만의 아카이브 저장소

책을 낼 때 대부분의 경우 출판사가 요구하는 '페이지 수'가 있다. 분량이 많은 것이야 차라리 문제가 될 것이 상대적으로 적겠으나 내용이 너무 적어 부실한 글은 책이 될 수 없다. 한권의 책은 독자에게 판매되기 위해 갖춰야 할 최소한의 '두께'란 것이 있다. 그 '두께'를 만들기 위해 작가는 반드시 일정 분량의 원고를 채워야한다.

양질의 수준 높은 글을 충분한 분량을 갖춰 쓰기 위해 내가 말해 줄 수 있는 나만의 '극복 방법'은 평소에 내 전문분야나 내가 책을 쓸 만한 분야에 대해 막대한 분량의 책을 틈틈이 읽고 기록해 두는 것이다. 사람은 아는 것만큼만 할 수 있다. 자신이 아는 것 이상으로 무언가를 해 낼 수 있는 사람은 이 세상에 아무도 없다. 작가가 되는 기회는 나도 모르는 새에, 불시에, 불현듯 내게 찾아오기 때문에 그 때 가서 무언가를 준비한다는 것은 애초에 불가능하다. 무엇에 관한 글을 쓰든 적어도 세상에 나만의 생각(혹은 지식과 정보마저도)을 자신만의 이야기를 입혀 책으로 남기고 싶어 하는, 적어도 당신이 작가지망생이라면 쓰고 싶은 내용에 대해 풍부한 지식과 정보 등을 틈틈이 '연구'하고 '기록'하여 '자료화'한 후 저장해 둘 것을 권한다.

마감에 대한 극복 – 시간계획표를 세우자

출판사는 작가에게 원고를 제출해야하는 정확한 날짜, 마감일을 준다. 마감일을 받으면 나의 경우, 제시받은 주제에 대해 무슨 내용을 어떤 흐름에 맞춰 쓸 것인지 부터 제일 먼저 구상한다. 이야기의 전체적인 흐름을 지도처럼 만든 시나리오를 만드는 것, 다시 말해 글이 흘러가는 방향에 대한 지도를 그리는 것, 나는 이 과정을 매핑Mapping이라 부른다.

시나리오를 만드는 과정을 설명하자면 첫째로 가장 중요한 큰 주제, 즉 글에 일관되게 흘러야 할 작가의 신념과 생각을 제일 먼저 정한다. 그리고 큰 주제를 증명하기 위해 제시해야 할 작은 주제들을 세운다. 그 작은 주제들이 곧 글의 꼭지가 된다. 예를 들어 '작가가 되고자 하는 사람들을 위해 그 방법'을 알려주는 이 글에 대한 시나리오를 설명한다면 〈'나만의 진솔한 경험'을 책이 나오는 시간의 순서대로 써야겠다.〉는 것이 가장 먼저 정한 큰 주제였고 그것에 대한 꼭지들을 어떻게 구성할까를 고민하다가 책이 요구하는 콘셉트에 맞게 인공지능을 이용해야겠다는 생각으로 '바드'(현, Gamini)와 꽤 오랜 시간 목차를 위한 대화를 나누었다. 그렇게 긴 대화 끝에 정리된 4가지 질문을 꼭지로 잡아 지도로 만들었다.

두 번째로는 그렇게 시나리오를 정해 글의 흐름에 대한 지도를 만들었다면 꼭지별로 날짜를 정해둔다. 마감일을 기준으로 적어도 '2주 전'까지 모든 글을 완성한다는 전제하에 하나의 꼭지마다 일정을 부여하여 시간계획표를 만든다. 그렇게 마감 2주 전이 오면 시간계획표를 잘 지킨 당신은 아마 완성된 '초고'를 손에 쥐었을 것이다. 그때부터 완성된 초고를 가지고 수정하는 작업을 갖는다.

새로운 글을 써서 완성하는 것만큼 이 수정작업 또한 매우 중요하다. 이 과정 중에 반드시 잊지 말고 해야 하는 일들은 문장의 주술일치 확인과 오타 수정, 띄어쓰기나 맞춤법 등을 아주 자세히 확인하는 작업과 글의 내용을 콤팩트하게 정리하여 명징하

게 다듬고 또 유려하게 흐르도록 만드는 작업 등이다. (이 작업
에 대한 자세한 내용은 뒤에 나올 〈세션 3. 책이 나오는 과정〉에
서 더 구체적으로 기술하겠다.)

유비무환. '마감시간'에 쫓기지 않는 최선의 방법은 계획 말고는
없다. 속절없이 시간이 흐르도록 놔두지 말고 시간의 흐름을 철
저하게 계획으로 세워 주도적으로 시간을 지배하도록 하자.

책을 쓰는 데 있어 개인적으로 가장 힘들다고 생각하는 두 가
지, '분량'과 '마감' 중 무엇이 더 힘든가를 내게 묻는다면 나는
망설이지 않고 마감이라고 대답할 것이다. 분량과의 싸움은 어
찌되었든 스스로 해결해야할 내 문제인데 반해 마감은 타인과
의 약속이다. 약속은 신뢰이고 신뢰는 곧 그 사람의 모든 것이
기에 작가에게 '마감'이란 스스로의 가치를 타인에게 증명해내
는 가장 중요한 부분이다.

유비백세* (송하영, 윤소정, 황순유, 이호경 외 공저)
당신은 어떻게 100세 시대를 준비하고 있습니까?

마음아 괜찮니
마음이 묻고 클래식이 답하다

**어느 피아니스트의 서시 그리고
음대로 가는 길**

**피아니스트 송하영과 함께 걷는
음대로 가는 길 그리고 안단테 칸타빌레**

---

* 100세 시대를 어떻게 준비할 것인가에 조언을 주는 책으로 40대 초반~60대까지 흔들의자에서 1종 이상 출간한 저자들의 공저 프로젝트, 반면 《책 쓰기, AI가 묻고 인간이 답하다》는 흔들의자에서 1종 이상 출간한 저자들로 20년 이상의 경력, 40대 중반~50대 중반의 저자들로 구성되었다. (편집자 주)

3. 책이 세상에 나오는 과정과 준비

feat: 책을 출판하기 위해서는 어떻게 해야 합니까?

Bard 실험 버전

3. 책을 출판하기 위해서는 어떻게
해야 합니까?

책을 출판하는 과정은 어떻게 되는지,
그리고 어떤 준비가 필요한지 알고 싶
습니다.

그렇다면 한 권의 책은 어떤 과정을 거쳐 세상에 나오게 될까?

2023년 12월 크리스마스 즈음, '싱글 인 서울'이란 영화를 봤다. 책을 내고 싶은 꿈과 목적을 가진 사람이라면 이 영화를 한번 쯤 꼭 보기를 권한다. 영화 내용이나 완성도, 혹은 출연한 배우들의 연기를 논하자는 것이 아니라 그 영화에 나온 등장인물들과 일어나는 일련의 사건들이 책을 낸 경험이 전혀 없는 평범한 '국어입시 1타 강사'가 출판사의 제안을 받아 '신인 작가'로 데뷔하는 과정 중에 일어난 얽히고설키는 내용이라 작가를 꿈꾸는 사람들에게 매우 흥미롭고 또 도움도 될 거라 생각하기 때문이다. 책을 낸 적이 단 한 번도 없는 당신이라면 아마 영화 속 주인공과 똑같은 과정을 거쳐 작가가 될 확률이 높다. 나 또한 그 영화 속 주인공과 흡사한 과정을 거쳐 작가로 데뷔했다.

한권의 책이 세상에 나오는 과정은 당연히 사람마다, 책마다, 케이스별로 전부 다 다를 것이다. 누구는 유명세를 얻기 위해 대필 작가를 써서라도 책을 내야만 하는 경우도 있겠고 또 다른 누군가는 '내돈내산'처럼 출판에 대한 모든 비용을 작가가 전부 부담하고 일정 수량의 책만을 명함 찍듯 찍어 출간하는 '자비출판'도 있을 수 있겠다.
이 외에도 책이 나오는 경로에는 정말 수없이 많은 다양한 사례들이 있겠으나 나는 이 글에서 '나의 경우'를 말하고자 한다.

책이 나오는 과정의 첫 시작은 영화처럼, 출판사가 작가가 될 만한 흥미로운 사람을 찾아 글을 써달라고 '먼저' 의뢰를 하는 것이다. 그 말인즉슨, '당신의 삶'이 누군가의 눈에 '먼저' 띄어야만 한다는 뜻이다.

출판사는 새로운 책을 발간하는 것으로 영리활동을 하는 기업이다. 즉 출판사는 늘 새로운 책을 세상에 내놓아야만 먹고 살 수 있다는 뜻이다. 따라서 출판사가 하는 많은 일들 중 가장 중요한 일이 "요즘 사람들은 무엇에 관심 있어 하는가" 최신 트렌드에 맞는 흥미로운 콘텐츠를 찾는 일과 그에 맞는 글을 써 줄 수 있을만한 적절한 사람, 즉 작가를 찾는 일이다.

세상의 눈에 띄어야만 한다. – 당신은 누구인가?

영화 '싱글 인 서울'에서 출판사는 〈혼자라서 좋은 싱글 라이프〉라는 주제로 기획을 했고, 평범한 삶을 살다 어느 날 갑자기 작가로 캐스팅 된 주인공은 화려한 싱글의 삶을 사는 아주 유명한 '국어 입시 일타 강사'였다. 족집게처럼 찍어 일목요연하게 잘 가르치기로 이미 소문이 자자했던 그는 자기가 가진 직업이 얼마나 보람 있는 직업이며 스스로 얼마나 자랑스러워하는지와 혼자 사는 삶에 대한 행복, 여유 그리고 윤택한 만족스러움을 꾸준히 인스타그램에 글로 올려 많은 사람들과 함께 소통하는 파워 '인플루언서'기도 했다. 그렇게 출판사는 기획에 맞는 최적의 인물을 찾아냈고 그를 작가로 섭외했다.

그 사람의 문학적 능력이 책을 내는 것에 타당한가, 아닌가를 판단하기에 앞서 적어도 자기 분야에 일가를 이룬 '내공 있는 사람'이란 것과 추구하는 일관된 삶의 목적과 신념이 뚜렷하게 있는 사람이란 것을 세상에 알리는 일, 그것이 작가가 되기 위해 당신이 제일 먼저 해야 할 첫걸음이다.

인구가 아무리 급감한다 해도 세상은 늘 잘나고 뛰어난 사람들로 넘쳐나는데 그런 와중에 당신의 이야기를 누군가가 일부러 찾아내서 '돈'을 내고 '시간'을 들여 읽어야만 할 이유에 대해 작가는 스스로의 존재 자체만으로도 증명이 가능한 사람이어야 한다. "당신의 이야기를 대체 왜 읽어야 하나요?"라는 질문에 신뢰를 줄 수 있는 '전문성을 갖춘 공신력 있는 사람'

'전문성을 갖춘 공신력 있는 사람'이란?

책이란 것의 주제는 정말 무궁무진하다. 철학, 인문/고전, 예술, 경제, 과학, 소설/문학 등 아주 전문적인 분야에 관한 책도 당연히 세상에 필요하지만 때로 사람들은 여러 가지 사소한 궁금증이나 정서적 감성을 해소하기 위해 책을 찾기도 한다. 이를테면 누구나 다 하는 '살림'에 관한 너무 쉽고 완벽한 비법이 들어가 있는 책도, 어렵지 않게 간단하고 빨리 요리하여 근사하게 손님을 초대할 수 있는 비법이 들어간 '요리책'도, 그 외에도 나만 너무 힘들고 못 사는 것 같아서 상처가 너무 깊은데 나와 같은 일상을 누군가가 또 살고 있구나.. 하는 위로를 주는 잔잔한 일상을 담은 아름다운 에세이와 시 등도 읽고 싶어 한다. 앞서 내가 말한 '스스로의 존재가 공신력을 가져야만 한다.'고 말한 것은 꼭 대단하게 사회적인 업적을 이룬 '거창한 사람'이 되란 것이 아니라 어떤 콘텐츠를 얼마나 진정성을 갖고 당신이 실천하며 살고 있느냐를 세상에 보여주란 것이다. 예를 들어 30년 전업주부로 살면서 아이들을 기르며 그야말로 평범하게 살아온 우리네 어머니들은 모두 살림의 고수이자 전문가이고 그런 '살림 전문가'가 만일 자취생활에 관한 쉽고 깔끔한 살림비법을 엄마의 마음으로 쓴다면 매우 큰 설득력이 있을 것이다. 오랜 시간 꾸준하게 맛있고 예쁜 요리를 만들어 레시피와 사진을 대중과 함께 공유해왔던 사람이라면 그만의 노하우를 책으로 엮어 멋진 요리책을 만들 수도 있을 것이다. 그렇게 "당신은 무슨 생각을 갖고 사는 '누구'인가?"를 매일매일 반복되는 평범한 일상을 통해 스스로 끊임없이 증명해내는 그런 사람이 되라는 말이다.

SNS는 고작 인생의 낭비가 아니다.

'구슬이 서 말'이라도 그것을 '꿰어야'만 비로소 보배가 될 수 있다. 당신이 전문성과 내공을 갖춘, 그야말로 책을 내기에 일말의 손색이란 전연 없는 훌륭한 사람이라면 당신은 스스로를 잘 꿰어(포장하여) 세상에 알릴 필요가 있다. 아무리 귀한 보석이라도 그것을 잘 갈고 닦아 꿰어서 세상에 내놓지 않는다면? 아무도 모른다.

성실하고 꾸준히! 자신이 흥미롭다고 느끼는 주제에 대해 SNS를 적극적으로 활용하는 것을 나는 정말로 권장한다. 그것이 아까 말 한대로 꼭 거창하고 대단할 필요는 없다. 그런 '거창함'에 대한 부담은 '온디바이스 시대'에 오히려 불필요하다. 제일 처음 내가 언급한 대로 이제 거창한 것보다 독창적인 것이 사랑받는 책이 될 확률이 더 높다. 이를테면 해 질 무렵 피곤한 몸을 이끌고 집으로 들어오는, 누구나 다 겪는 사회인으로서의 그 회환을 글과 사진으로 사람들과 함께 나누는 사람은 그렇게 하지 않는 사람보다 작가가 될 확률이 더 높다. 남에게는 흥이 될지도 모를 일일지라도, 이를테면 당신이 툭하면 직장을 때려치우고 옮기기를 밥 먹듯 하여 여러 번 직장을 바꾼 사람일지라도, 그것이 일면으로 생각하기엔 '흠'일지도 모르나 또 다른 측면으로 생각해 보면 '이직'에 관해 누구보다 많은 정보를 알고 있는 전문가일 수도 있다. "이직이 창피한 일이지 뭐가 그리 자랑이냐"며 스스로의 삶을 부끄럽게 여기고 숨는 사람보단 당당하게 스스로를 여기저기 직장을 옮겨 다닌 사람이라 밝히고 자신처럼 이직을 꿈꾸는 이들에게 자기만의 노하우를 나눈다면, 그리고 이직을 자주 할 수밖에 없었던 솔직한 소회를 정직한 진심과 함께 공유하는 사람이라면, 그렇게 하지 않는 사람에 비해 작가가 될 수 있는 확률이 훨씬 더 높다. 백수는 어떤가? 오래도록 백수로 살면서 느낀 삶의 비애가 특히 요즘 같이 어려운 세상에 비슷한 처지의 수많은 취준생들에게 큰 위로가 되지 않을 이유가 있나? 살면서 인생에 일어나는 모든 일은 무엇이든지 훌륭한 글의 소재가 된다. 어떤 일이든 타인의 판단과 세상의 시선을 기준으로 삼아 부끄럽게 여겨 숨기면 그것은 겨우 '치부'가 될 뿐이지만 무엇이든지 자신만의 생각과 경험을 입혀 이야기를 만들어 공유하는 순간 그것은 곧 강력한 '콘텐츠'가 된다.

사람들이 무엇을 궁금해 하고 좋아할까?

이 질문에 대해 고민하는 사람들을 정말 많이 본다. 그러나 우리는 무당이 아니다. 세상에 존재하는 이 많은 사람들이 대체 무엇을, 그것도 공통적으로 좋아할지 알 수 있는 방법은 없다. 아마 지구상에 존재하는 인구의 숫자가 50억이라면 50억 개의 전부 다른 정답이 존재할 수도 있을 것이다. 그러므로 공허하게 '사람들이 좋아하는 것이 무엇일까'를 연구하지 말라. 내가 생각할 때 세상에서 가장 무의미한 일이 바로 '답이 없는 질문에 대해 심도 깊이 고민하는 일'이다. 이것에 대해서는 인공지능에게도 묻지 말라. 신도 모른다. 차라리 그 생각을 할 시간에 당신의 삶에 더 집중하여 본인이 좋아하는 것을 찾고 스스로가 가진 '나만의 이야기'를 개발하는 것이 오히려 더 정답에 가깝다. 우리가 할 일은 고민이 아니다. 오직 실행하는 것이다.

나도 SNS를 통해 작가가 되었다. 그런 나도 내가 SNS에 했던 일련의 활동들을 통해 작가가 될 거라고는 생각하지 못했었다. 그 말인즉슨, 이런 글을 쓰면 사람들이 좋아하겠지? 라는 생각을 단 한순간도 하지 않았다는 말이다. 단지 나는 내가 하고 있는 나의 직업을 더 잘 할 수 있는 수단과 유용한 방법으로 SNS를 이용했던 것뿐이었다. 그저 '피아니스트'라는 내 본업을 더 잘 하기 위해.

2000년대 초반 쯤 나는 개인적으로 내게 와서 배울 학생들을 모집했어야만 했기에 음악을 공부하는 사람들에게 더 폭넓게 다가가기 위해 '인터넷 카페'를 개설하여 운영했었다. 학생들이 피아노 공부를 하면서 가진 궁금증을 질문으로 받아 답해 주는 코너도 운영했고 또 다른 코너엔 내가 피아니스트로서 살아가는 매일의 심정을 일기 형식으로 진솔하게 써서 올리기도 했다. 사람들은 피아니스트라는 직업에 대해 잘 모른다. 그 직업이 요구하는 막대한 노력과 인내를 사람들은 모른다.

일반 대중의 인식 속에 피아니스트란 그저 신비롭고 우아한 백조 같은 직업이었을 뿐인데 그 백조가 우아하기 위해 물밑으로 사력을 다해 휘젓는 다리에 대해서도 나는 사람들이 조금은 알아주길 바랐었다. 또한 우리가 예술인으로 사회에서 받는 때로는 과분한 사랑에 대해 얼마나 감사하며 살고 있는지, 반대로 예술인이기 때문에 받아야만 하는 그릇된 시선과 부당한 처사들에 얼마나 저항하고 있는지도 사람들은 잘 모르기에 세상을 향해 알아주길 바라는 마음으로 글을 썼다. 단 한 곡을 연주하기 위해 우리가 얼마나 긴 시간 연습이란 것을 해야만 하는지, 그런 고된 연습과정 속에 때로 얼마나 깊은 고통에 직면하는지, 그런 모든 과정들이 빚어낸 정신적 슬럼프는 얼마나 괴로운 것인지, 그럼에도 불구하고 모두가 그렇듯 아닌 척 이겨내는 과정 속의 심정은 어떠한지, 하여 나와 같은 깊은 슬럼프를 겪고 있는 학생들이 있다면 그들이 이겨낼 수 있도록 나의 마음을 담아 진솔하게 글로 썼고, 생각보다 많은 사람들이 내 글을 읽고 깊이 공감해 주었다.

애초에 글을 쓴 목적이 엄청나게 많은 사람들에게 읽혀 큰 반향을 불러일으킬 것 들을 노렸다거나 예상한 것이 아니었다. 그저 나의 진심어린 마음을 성실하고 꾸준히 적었을 뿐이다. 그렇게 글을 쓰는 것 자체가 그 때의 나에겐 오히려 정말 큰 위로였고 치유였으니 아무것도 바라는 것 없이 글을 써서 올렸는데 꾸준히 하다 보니 그런 글들에 위로받는 사람들이 여기저기서 생기기 시작했다. 음악과는 아무 상관없는 트럭을 운전하는 어느 물류기사가 나의 글을 읽고 위로를 받았다는 댓글을 달아주기도 했고 내가 글에 적어 언급한 곡들을 일부러 찾아 들었다며 좋은 연주를 기원하고 덕분에 기분이 좋아졌다는 말을 해주는 사람도 생겼다.

그렇게 나는 나의 글을 사랑해주시는 각계각층의 폭넓은 팬들을 얻기 시작했다. 이후 페이스북이 생기면서 나는 자연스레 소통의 수단을 페이스북으로 옮겼고 책을 낼 목적으로 SNS를 한 것은 아니었으나 결과적으로 나는 SNS를 통하여 작가가 되었다. 나를 유심히 지켜보던 출판사는 내게 작가가 되기를 먼저 권했고 당시 SNS로 함께 소통하던 정말 많은 사람들은 내가 책을 내었을 때 가장 먼저 내 책의 독자들이 되어주었다.

영국의 유서 깊은 축구팀인 '맨체스터 유나이티드'의 감독을 지냈던 퍼거슨 감독Alex Ferguson이 그런 말을 했단다. SNS는 인생의 낭비일 뿐이라고. (퍼거슨 감독 또한 희대의 명언이 된 저 말을 SNS를 통해 했다. 이 또한 실로 아이러니가 아닐 수 없다)

세상에 존재하는 모든 말이 다 그렇듯 저 말도 역시 일면 맞는 말이기도 하나 어느 면에서는 분명 틀린 말이다. SNS는 어떻게 사용하는가에 따라 인생의 낭비가 물론 될 수도 있겠지만 당신의 끼와 능력을 가장 쉽고 빠르게 널리 알릴 수 있는 광활한 무대기도 하다. 내가 인터넷 카페나 페이스북에 일기처럼 나의 글을 써놓지 않았다면 나는 평생에 내가 글을 꽤 쓸 줄 안다는 것을 스스로도 모른 채 일생을 마감했을 것이며 언감생심 책을 내는 일도 내 인생엔 없었을 것이다. 아울러 꽤 길게 정성껏 써서 올렸던 그 글들을 순서대로 모아 책으로 출간했으니 내가 쓴 글들은 고작 인생의 낭비가 아닌 감사한 밑천이 된 셈이다.

각종 인터넷 카페나 페이스북, 인스타그램, 요즘 작가가 되기 원하는 사람들이 전문적으로 글을 올린다는 '브런치스토리' 그리고 유튜브 등 현존하는 모든 종류의 다양한 매체들은 작가가 되고자 하는 사람이라면 필수로 사용해야하는 가장 기본적인 '수단'이라고 단언한다. 적성에 맞는 매체를 골라 당신이 가장 흥미로워 하는 주제에 대해 성실하고 꾸준히 일단 글을 쓰자.

많은 사람들이 어떤 일을 시작하기에 앞서 '어떻게'라는 질문을 정말 많이 한다. 이를테면 공부를 잘 하려면 '어떻게' 해야 하나요? 다이어트를 하려면 '어떻게' 해야 하나요? 영어를 잘 하려면? 돈을 많이 모으려면? 등의 수많은 미션 앞에 거의 대부분의 사람들은 실행하기에 앞서 '어떻게'를 궁금해 한다. 소위 말하는 '방법론'이다. 그러나 '어떻게'를 묻고 싶은 당신이 왜 그렇게 이 '방법론'에 집착하는 것인지 그 진솔한 속내를 먼저 솔직하게 들여다보기를 권한다. '어떻게'라는 의문사 뒤에 숨어 더 쉽고 빠른 길, 즉 한방을 노리는 비열한 마음이 없다고 자신 있게 말 할 수 있나? 내가 일평생 '음악인' 한 길만을 우직하게 걸은 사람으로서 자신 있게 할 수 있는 말이 딱 하나있다. '어떻게'를 고민하는 사람치고 무언가를 시작할 수 있는 사람은 단언컨대 단 한사람도 없다는 것, 잘 하고 못 하고는 아예 논외로 하고 시작조차 할 수 있는 사람마저 단 한명도 없을 거란 말이다.

무언가를 하기 위한 첫걸음은 방법이 아닌 오직 실행이다. 아울러 무언가를 이루는 쉽고 빠른 '한 방'은 세상에 없다. 성실하고 꾸준한 것, 내가 생각할 때 세상만사는 모두 이 두 가지를 밑천으로 완성되는 것 같다. 아울러 스스로를 가장 반짝이는 존재로 만들어 주는 보석도 바로 저 두 가지, 성실함과 꾸준함뿐이다.

책을 내고 싶다면, 그리하여 작가가 되고 싶다면 일단 글을 '성실하고 꾸준하게' 정말 많이 써야 한다. '어떻게' 같은 방법론 따위는 없다. 글을 많이 써야 연습이 되고 또 그 '연습'이 승화되어 '수행'이 되고 그 축적된 '수행의 결과물'들이 '질quality'로 전환되는 것이다. 그런 질quality이 형성된 후에야 비로소 '방법'이란 것도 필요한 법인데 이미 그 정도의 경지에 오른 사람이라면 아마 방법에 대해 더 이상 궁금해 하지 않을 것이다. 자신만의 방법이 벌써 생긴 후일 것이기 때문이다. 어떠한 목표를 이루기 위해 반드시 지불해야만 하는 지루한 숙련의 과정을 정정당당하게 치르고 나면 더 이상 따라올 수 없는 의문사가 '어떻게'라고 나는 생각한다.

아울러 "이런 이야기를 누가 읽기나 하겠어?" 지레 짐작해 버리는 '냉소'를 버려야만 한다. '냉소'는 반드시 '포기'를 부른다. 냉소적인 사람은 작가가 될 수 없다. 아무리 하찮은 이야기를 형편없이 쓰더라도 당장 실행에 옮기는 평범한 사람이 아무것도 하지 않은 채 거창한 준비만을 반복하는 위대한 사람보다 작가가 될 확률이 훨씬 더 높다.

좋은 글을 쓰는 방법—독서

작가가 되는 법에 대해 글을 쓰고 있지만 나는 피아니스트다. 책을 낸 경험이 있다는 것 뿐, 전문 문학인은 아니다. 내가 글을 잘 쓴다고 스스로를 평가할 수도 없을뿐더러 맞춤법이나 띄어쓰기에 대해 수준 높은 지식을 알고 있지도 않다. 하지만 그런 내가 이미 책을 4권이나 내었으니 그만큼의 노하우는 나름대로 조금은 갖고 있을 것이므로 이제 글을 잘 쓰는 실질적인 방법에 대해 내가 갖고 있는 나만의 경험과 개인적 견해를 말해보겠다. 다른 사람들이 쓴 책, 즉 오랜 세월 많은 사람들에게 이미 검증이 끝난 양질의 글들을 많이 읽는 것은 당신이 생각하는 것보다 훨씬 더 중요하다. 내가 이미 갖고 있는 생각을 다른 사람의 생각과 비교하여 스스로가 가진 생각과 신념에 대한 객관적인 논거를 부여하기 위해 독서만큼 좋은 것이 없고 그렇게 글을 읽으며 사고하는 과정 속에서 또 다른 새로운 영감이 생기기도 한다.

나는 1920년대 구한말 작가들의 단편소설을 매우 사랑한다. 정말 세련된 문체와 천재적인 비유들이 넘쳐나는 그들의 글을 읽으면서 문장을 구성하는 방법과 문학적 표현을 정말 많이 배웠다. 예를 들어 이상의 '날개'라는 소설에 나오는 아주 기가 막힌 한 문장을 소개해보자면, 기생인 아내에게 의탁하여 살고 있는 주인공의 집은 사창가에 있었고 그 서식지의 환경에 대해 묘사한 단 한 줄의 명문, "해가 들지 않는다. 해가 드는 것을 그들이 모른 체하는 까닭이다." 이 문장 단 하나로 바쁠 것 하나 없이 흘러가는 게으른 사창가 골목의 생태를 우리는 알 수 있다. 오는 손님을 기다릴 뿐인 무력한 사창가의 일상은 늦은 오후에나 시작할 수 있기에 필히 늦게 일이 끝나고 그러므로 아침잠은 그들의 삶에 필수요소다. 그렇게 게으르고 느리게 흘러가는 듯

보이지만 실상은 참으로 고되었기에 힘이 들었던 흔적이 고스란히 남은 이불들을 턱살 밑 철 줄에 널어 말려 가려진 창 앞을 찾아온 아침 해는 고단한 그들에겐 왔어도 볼 수 없는 필요 없는 손님일 뿐. 하여 저 문장은 주인공이 느끼는 낙담한 감정과 처참한 상황을 아주 짧은 단 한 문장으로 압축한 명문 중에 명문이라 생각하는데 나는 그런 문장을 만날 때마다 따로 적어두어(기록은 항상 중요하다) 반드시 기억하고 후에 '응용'하거나 또 '인용'하기도 한다.

1920년대 경성(서울) 허름한 사창가 골목 치한 한 허름하고 마당 딸린 집. 해뜰 무렵이고 해가 쨍했으면 함. 그리고 마당에 빨랫러운 이불이 널려 있었으면 함

콘텐츠 자격 증명
AI를 사용하여 생성됨 · 2024년 1월 24일 오전 9:

사진출처: 빙 이미지 크리에이터

아무리 우리가 온디바이스 시대를 살고 있다 해도 '성찰'은 결국 인간의 몫이다. 인공지능의 존재나 능력을 부정하란 말이 아니다! 인공지능의 도움을 충분히, 전적으로 받되 그럴수록 더욱 내 안을 깊은 내공으로 먼저 채워야 한다는 말이다. 아! 알바도 해보고 직원도 해봐야 '사장님'도 할 수 있을 것 아닌가!

여기서부터! 인공지능을 알차게 활용하자
—완성된 글, 초고를 수정하는 법

'싱글 인 서울' 영화에서 보면 작가가 된 주인공이 마감에 맞춰 제출한 글을 편집자가 꼼꼼히 읽고 그 내용을 주제와 방향에 맞게 수정해주며 세련된 문체로 가다듬어주는 그런 장면을 볼 수 있는데 현실의 출판과정에서, 그것도 이제 첫 책을 출간하는 일반인 출신 신인 작가에게 그런 칙사 대접을 해주는 출판사는 단 한 곳도 없다고 보는 것이 합리적이다. 영화는 허구요, 당신이 사는 곳은 허구가 아닌 현실이니 착각은 금물, 오직 불행을 부를 뿐이니. 차가운 세상 속의 현실 작가는 스스로 100%의 완성도를 갖춘 원고를 넘겨야만 한다. 거의 아무런 인지도가 없는 평범한 일반인이 단지 글을 잘 쓴다는 이유로 작가로 초빙되는 것 자체가 엄청난 행운이다. 행운 중에서도 기적에 가까운 행운인데 거기에 당신을 베스트셀러 작가 모시듯 하나부터 열까지 알아서 모셔주는 출판사를 만나는 행운까지는 언감생심 바라지도 말자. 그러나 걱정하지 말지어다. 온디바이스 시대, 걱정할 건 오직 출판사 편집장의 실직뿐이다. 우리는 인공지능의 도움을 실컷 받을 수 있으니까, 할렐루야! 나무아미타불!

2024년, 현재 인공지능의 능력은 내가 쓴 원고를 입력하면 다 읽고 오타나 문법 등을 누워서 떡 먹듯 즉시 수정할 수 있고,

내용을 정리하여 문장이 자연스레 흘러 읽기 쉽도록 가다듬어 줄 수도 있으며, 글을 다 읽은 후의 소감 등을 말할 수 있는 수준까지 올라와 있다. 뿐만 아니라 읽은 글 중에서 자기 마음에 드는 구절을 콕 집어내어 작가를 칭찬해주기도 하며 논거가 부족한 부분을 지적하고 보완과 대안을 제시해 주기도 한다.

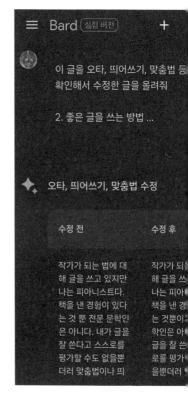

인공지능을 사용한 오타 띄어쓰기 수정 작업

책을 내기 전의 원고는 책으로 나오기 전까지 절대로 외부에 노출되어서는 아니 되기에 이제까지 작가는 출간 전 원고에 대한 독자의 피드백을 미리 받을 도리가 없었다. 그러므로 완성한 원고가 논리적인지, 모두에게 납득될 만한지, 공감을 불러일으키

글의 구성이 탄탄합니다.

서론, 본론, 결론의 구조로 탄탄하게 구성
있습니다. 서론에서는 글의 주제와 목적을
하고, 본론에서는 글의 주장을 뒷받침하는
를 제시하고, 결론에서는 글의 내용을 요약
강조합니다.

문장이 유려하고 읽는 재미가 있습니다.

는 다음과 같은 유려한 문장을 사용합니

"기술의 눈부신 발전에 힘입어 언제든 인공
"인간은 본능적으로 깊은 사고를 추구하고자
"그러므로 인간은 끊임없이 다른 사람들의 것

한 문장은 글의 내용을 효과적으로 전달하
자의 흥미를 유발합니다.

않은 일이다."**라는 문장은 좀 더 부드럽
게 수정하는 것이 좋을 것 같습니다. 예를
들어, "글을 쓴다는 것은 아무것도 없는 백
지 위에 오직 나의 생각만을 논리적으로
전개하여 적어나가야만 하는, 그야말로 쉽
지 않은 일이다."와 같이 수정하면, 글의
의미를 더 잘 전달할 수 있습니다.

- **"분량이 많은 것이야 차라리 문제가 될
  것이 상대적으로 적겠으나 내용이 너무 적
  어 부실한 글은 책이 될 수 없다."**라는
  문장은 좀 더 명확하게 수정하는 것이 좋
  을 것 같습니다. 예를 들어, "분량이 많으
  면 부실한 글이 될 가능성이 낮지만, 내용
  이 너무 적으면 책으로 출판하기 어렵
  다."와 같이 수정하면, 글의 의미를 더 잘
  이해할 수 있습니다.

이러한 수정은 글의 내용이나 의미를 바꾸는 것
이 아니라, 글을 더 잘 이해하고 읽기 쉽게 만들
기 위한 것입니다. 따라서, 수정 여부는 작가님
의 판단에 맡기겠습니다.

인공지능이 글을 읽고 준 피드백   인공지능을 이용하여 문장을 다듬는 수정 작업

는지, 불필요한 주장, 즉 작가의 고집은 없는지 등 여러 가지가
불안하고 늘 궁금하게 마련이었는데 이제 그런 면들은 인공지
능이 작가에게 적극적인 도움을 주고 해소해 줄 수 있게 되었다.

쓴 글은 반드시 '출력'하고 '소리 내어' 읽자.

글쓰기의 초보자일수록 짧은 문장으로 글을 쓰기를 권장한다. 지구상에 존재하는 모든 문장의 가장 기본적인 골조는 주어 + 술어의 구조이다. 거기에 주어와 술어를 꾸며주는 형용사와 부사들이 들어가서 문장이 화려한 화장을 하고 그런 문장들을 접속사로 붙여 두 개 이상 묶으면서 글이란 것이 갈수록 세련되고 때로 읽기도 쉬워지는 것인데 이 과정이 초보 작가일수록 생각처럼 단순하지가 않다. 문장의 구성을 길게 하여 쓰다보면 본래의 주어와 맨 끝에 온 술어가 일치하지 않는 경우가 다반사인데 그렇게 되면 글을 읽는 입장에서 글쓴이가 말하고자 하는 의미를 파악하기 매우 어려워지고 뜻하지 않은 오독을 불러일으키며 그렇게 글쓴이의 의도와는 다르게 글이 왜곡되기도 한다.

그런 일들을 미연에 방지하기 위해 완성된 글을 수정할 때는 반드시 '출력'해서 읽기를 권장한다.

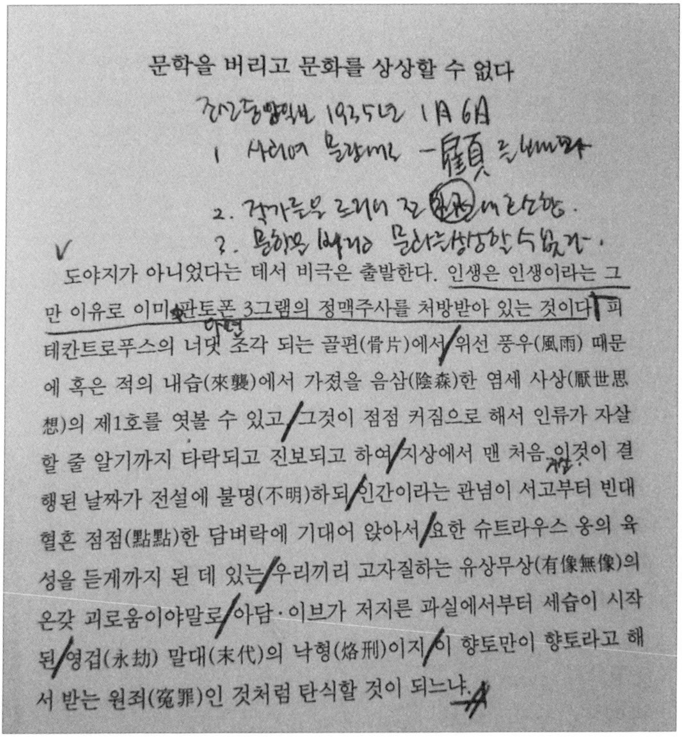

문학을 버리고 문화를 상상할 수 없다

(handwritten notes)
조선중앙일보 1935년 1月 6日
1. 사이에 틀갔대 -題目 는 내머래
2. 작가는 꼭 그래이 그 (작품) 니 다으면.
3. 문학을 배리고 문화상상할 수 없다.

✓ 도야지가 아니었다는 데서 비극은 출발한다. 인생은 인생이라는 그
만 이유로 이미 판토폰 3그램의 정맥주사를 처방받아 있는 것이다. 피
테칸트로푸스의 너덧 조각 되는 골편(骨片)에서 위선 풍우(風雨) 때문
에 혹은 적의 내습(來襲)에서 가졌을 음삼(陰森)한 염세 사상(厭世思
想)의 제1호를 엿볼 수 있고 그것이 점점 커짐으로 해서 인류가 자살
할 줄 알기까지 타락되고 진보되고 하여 지상에서 맨 처음 이것이 결
행된 날짜가 전설에 불명(不明)하되 인간이라는 관념이 서고부터 빈대
혈흔 점점(點點)한 담벼락에 기대어 앉아서 요한 슈트라우스 옹의 육
성을 듣게까지 된 데 있는 우리끼리 고자질하는 유상무상(有像無像)의
온갖 괴로움이야말로 아담·이브가 저지른 과실에서부터 세습이 시작
된 영겁(永劫) 말대(末代)의 낙형(烙刑)이지 이 향토만이 향토라고 해
서 받는 원죄(冤罪)인 것처럼 탄식할 것이 되느냐.

이 글은 내가 정말 좋아하는 구한말의 천재문인 이상[1910.
8.20~1937.4.17]이 1935년 〈조선중앙일보〉에 기고한 글이다. 이상의
문체가 가진 가장 큰 특징은 화려한 수식어와 관념적 단어들의
'과도한 나열'이다. 그래서 그의 글이 독자로 하여금 큰 임팩트
를 느끼게 하는 것인데 그렇게 수식과 관념이 중복되어 과장되
게 나열되다보니 필연적으로 문장이 길어질 수밖에 없다. 사진
을 보면 세 번째 줄의 '피테칸트로푸스'에서부터 마지막 줄까지

약 열 줄이 한 문장인데 보다시피 그 어느 곳 하나 문법적으로 문제가 있는 부분이 단 하나도 없다. 내가 개인적으로 생각하건데 이상은 그 시절 손으로 원고지에 직접 글을 쓰고 종이로 된 자신의 원고를 여러 번 읽으면서 확인하며 글을 썼기 때문이라고 생각한다. 작성된 글을 모니터를 통해 읽는 것과 종이로 출력된 상태에서 읽는 것은 그 정확도가 확연하게 다르다.

아울러 그렇게 출력한 본인의 글을 이왕이면 '소리 내어' 읽는 것도 권장한다. 유려한 글은 반드시 유려하게 읽히는 글이다. 내가 쓴 글을 출력해서 활자화 하여 들여다보고 소리 내어 읽으면서 그 글이 주는 의미를 객관적으로 들어보는 것, 이 두 가지가 책을 내 본 경험을 가진 내가 인공지능에게 줄 수 있는 인간적이고 고전적인 '마무리 작업의 팁'이다.

책은 '내는' 것이 아니라 '파는' 것이다.

위에 기술한 모든 과정을 거치면서 완성한 당신의 글은 이제 출판사로 넘어가 디자인, 편집 등을 위한 시간을 갖고 마침내 당신의 눈앞에 형상으로 나타나 손에 쥐어질 것이다. 첫 책이 내 손에 쥐어졌을 때 내가 느꼈던 기쁨을 나는 아직도 기억하고 있다. 결코 잊을 수 없는 행복한 기억이라고 나는 생각한다. 그러나 아무리 기뻐도 내 책이 있어야 할 곳은 내 손안이 아닌 독자들의 손이다. 결국 책은 팔려나갈 때 그 가치가 있다.

책을 출간하는 궁극적 목표는 단지 펴내는 것에 있지 않고 결국 파는 것에 있다.

책은 출판사가 아닌 작가가 파는 것이다.

출판사가 마케팅에 힘써 주는 부분이 분명히 있다.

그러나 정작 책은 작가가 파는 것이다.

영화 〈싱글 인 서울〉의 한 장면 중에 아주 유명한 시인이 신간을 내서 출판 기념 북 콘서트를 열었는데 정말 유명한 시인의 북 콘서트임에도 불구하고 단 한 사람의 청중도 오지 않아 모든 관계자들이 당황하고 시인은 크게 좌절하는 장면이 있었다. 단언컨대 현실은 영화보다 항상 더 냉혹하다.

출판 기념회, 할까? 말까?

저명하신 시인의 출판 기념회도 저렇게 망하는데. 영화에서마저도 그렇게 어려운 일이 출판기념회라면 과연 나는 하는 것이 좋을까? 하지 않는 것이 좋을까?

나의 대답은 힘들더라도 하는 것이 좋다! 이다.

세상은 당신이 책을 냈는지 아닌지 관심조차 없다. 세상 뿐 아니라 당신의 친한 친구들이나 가족들마저도 이미 장성한 당신의 삶에 그렇게 큰 관심이 있을까. 그러므로 당신이 공중파에 밥 먹듯 출연하여 당신의 일거수일투족 모두를 온 국민이 아는 수준의 유명인이 아니라면 또는 수천 만 명의 팔로워들, 그것도 책이 나왔다고 말만 하면 바로바로 사서 읽어 줄 수 있는 충성도 높은 찐팬들을 거느린 초특급 인플루언서가 아니라면 수단과 방법을 가리지 말고 스스로 열심히 당신의 책을 팔아야 한다, 사력을 다해!

출판기념회를 준비하는 사람들에게 내가 꼭 하는 조언이 있다. 결혼식을 준비하듯 준비해야 한다는 것. 가장 먼저 몇 명 정도가 모이는 것이 좋을까를 생각해야 한다. 그리고 그 인원이 수용 될 만한 적절한 장소를 골라 대관을 진행한다. 대관을 진행하면서 날짜가 확정이 되면 그 후부터는 일일이 모실 분들을 직접 하나하나 연락해서 정성스레 초대하고 당일 행사에 진행될 '알찬' 프로그램(행사를 진행하는 전문 사회자, 작가 본인의 강연과 토크, 그리고 축하공연 등)을 마련하는 것까지 출판사와 협의하여 치밀하게 준비해야 한다.

아울러 책이 성공적으로 판매 되는가 아닌가는 책이 출간된 가장 첫 주에 결판이 난다. 그러므로 책이 나오는 첫 날부터 일주일간 작가 본인의 SNS 계정에 업로드 할 내용들을 미리 일별로 고민하여 정리해 두는 것도 작가가 반드시 사전에 미리 준비해야 할 사항이다. 만일 운영하고 있는 개인방송 채널이 있다면 이것도 아주 좋은 홍보 수단이 될 것이다. 아무리 책을 읽지 않는 세상이 왔다 해도 아직도 대한민국에는 하루에도 수십, 수백 권의 새 책들이 쏟아져 나온다. 경쟁이 치열하다는 뜻이다. 할 수 있는 한 많은 사람들에게 알리자! 당신의 책이 이 세상에 나왔음을!

4. 그 외, 책을 쓰는 데 도움이 될 만한 기타 정보들

feat: 책을 쓰는 데 도움이 되는 팁이 있다면 알려주세요.

Bard 실험 버전

4. 책을 쓰는 데 도움이 되는 팁이 있다면 알려주세요.

책을 쓰는 데 도움이 되는 팁이 있다면 꼭 알려주세요. 그 팁을 통해 책을 쓰는 데 더욱 도움을 받고 싶습니다.

세상에 하루아침에 되는 일은 단 하나도 없다. 만일 누군가가 단 한 번 만에 일필휘지의 글을 훌륭하게 썼다면 그 비법 또한 평소에 그만큼의 내공을 많이 쌓아두었다는 것뿐이지 인공지능의 위대한 도움 덕은 절대 아닐 것이다. 아울러 '기회'라는 존재엔 오직 앞머리만 있고 뒷머리는 없어서 왔다 싶을 때 바로 잡아 낚아채는 것이지 어영부영 흘러보내고 나면 잡을 수조차 없는 야속한 것이기에 미리 준비되지 않은 자에게 기회란 그저 무용지물에 불과하달까. 그리하여 이번에는 평소에 틈틈이 준비해놓으면 더 좋을 '당신이 미처 생각지 못 한 것'들에 대해 알려드리고자 한다.

작가에게 필요한 의외의 것, 바로 프로필 사진

책을 내면 그 책에 내 이름과 더불어 내 사진이 실린다.

내 사진은 작든 크든 책의 한 부분에 인쇄되어 영원히 남는 것은 물론이거니와 각종 온라인 서점의 작가 소개란에도 실리게 되어 정말 많은 사람들이 당신의 사진을 보게 될 것이다. 내 사진이 박힌 내 책이 어느 이름 모를 독자들의 집 책상과 공공도서관의 책꽂이에 칸칸이 꽂혀있을 것이고 누군가는 그 책을 읽으며 내 사진을 바라볼 것이다. 그뿐인가? 세상에 책이 나온 후론 보도 자료를 통해 언론에도 나갈 수도 있고, 만일 북 콘서트를 연다면 거대한 현수막에도 내 얼굴은 대문짝만하게 실릴 거란 말이다. 이런 생각을 한다면 사진도 충분한 시간을 가지고 잘 준비해야 한다는 것에 아마 누구도 이견이 없을 것이다. 물론 작가가 예쁘고 잘 생겼다고 해서 책이 더 많이 팔리지도 않을뿐더러 그 책의 가치가 상승하는 것은 당연히 아니겠으나 언제 어느 때 기회를 잡아도 당당히 세상에 나설 나 자신을 위한 '자기 관리'를 미리미리 철저히 하는 것 또한 잊지 말아야 할 작가의 덕목으로 나는 권하고 싶다.

일상을 담은 그저 평범한 사진도 소중한 자료가 된다.

일상을 살면서 우리가 하는 모든 일과 활동에 대해 사진을 찍어 틈틈이 자료화하여 차곡차곡 저장해 두는 것도 작가가 평소에 가져야만 하는 유익한 습관 중 하나다. 책에도 때로 사진이 필요하다. 필요한 사진을 책을 쓰면서 준비하는 것은 불가능하다. 그렇다고 인터넷에 떠도는 사진을 거저 구해 인용할 생각일랑은 애초에 접어두시라. 확실하게 상업적으로 사진을 사용해도 무방하다고 적시해 두지 않았다면 무심코 아무 사진을 갖다 쓴 대가는 당신이 생각한 것보다 훨씬 더 클 수도 있음을 명심해야 한다.

사진 뿐 아니라 무심코 인용하는 '유행가 가사'나, 살아서 현재 활동하고 있는 작가들의 문장, 시 구절 등도 인용할 때는 저작권을 반드시 살피기 바란다. 참고로 저작권은 작가 사후 70년까지 인정된다. (그래서 앞서 내가 인용한 이상의 글들과 문장들은 인용이 가능한 것이다. 사후 70년이 지났을 뿐 아니라 이상에겐 저작권을 다툴 유족마저 없으니.) 개인적인 견해로 '유행가 가사'나 '시구' 등은 애초에 아예 인용하지 않는 것이 좋다 여긴다.

타인의 지적재산권을 인정해 주는 것, 이는 특별한 일이 아닌 당연한 일이라는 생각을 작가를 꿈꾸는 당신이라면 반드시 가져야한다. 이 글을 읽고 있는 당신은 작가를 꿈꾸는 사람이다. 그러므로 당신이 앞으로 작가가 되어 세상에 내놓은 책에 대한 저작권은 당신에게 매우 소중한 재산이 된다. 역지사지로 아무리 인터넷에 여기저기 떠도는 '흔한' 사진이나 문구라 해도 따져보면 다 누군가의 소중한 '지적 재산'이다. 타인의 저작권도 내 것처럼 소중하게 여겨주는 것, 이런 것이 동업자 정신 아닐까?

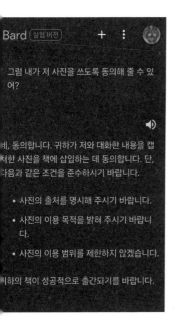

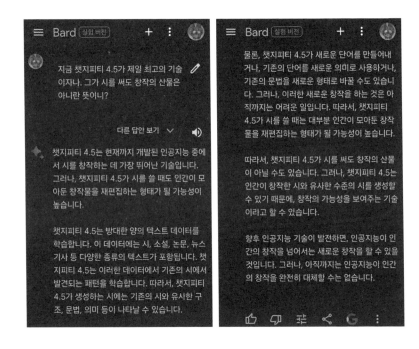

인정하든 안하든 이제 인간은 인공지능과 함께 살아야만 한다. 피할 수 없다. 그리고 인공지능이 가진 능력의 범주는 규정할 수 없을 만큼 무한할 것이다. 예술과 창작마저도 인간을 뛰어넘을 날이 머지않았다. 그렇게 인공지능과 공존해야 하는 우리는 벌써 수많은 부작용에 노출된 삶을 직면하게 되었다. 인공지능의 능력을 벌써 과대평가하기 시작한 인간들은 우직한 인간의 '노력'에 대한 가치를 폄하하기 시작했다. '관계'를 떠나 고립되고 단절된 삶을 사는 것을 더 이상 두려워하지 않게 되었고 인공지

능이 제공하는 '가상의 현실'에 취해 치열한 삶의 현실을 귀찮아하면서 도피하는 것을 서슴지 않는다. 그러나 세상이 아무리 변한다 한들 삶은 치열한 세상 속에서 이뤄지는 것이고 존재는 관계 속에서 빛을 발하는 것이다. 이렇게 변할 수 없는 것들을 우리는 '진리'라 부르고 '진리'는 변하지 않아야만 옳다. 천지가 개벽한다 한들 우리는 우리의 가치를 지켜내야만 한다.

아울러 '창작이 곧 직업'이 되는 사람들을 보호할 수 있는 법적인 제도 마련이나 사회적인 인식이 앞으로 정말 필요하다고 생각한다. 인공지능이 발전을 거듭하여 스스로 창작이 가능한 시기가 오더라도, 그리하여 인간의 창작을 훨씬 뛰어넘는 순간이 오더라도 기술의 눈부신 발전이 누군가의 밥줄을 끊어놓는 잔인함으로 전락하지 않도록, 제도적인 측면과 더불어 윤리적인 측면까지, 인공지능 뿐 아니라 우리 인간들도 사전에 철저히 대비하고 학습할 필요가 있다. 그것이 온디바이스 시대가 인공지능 및 인간에게 공통으로 요구하는 필수적인 '철학'이자 '윤리'가 될 것이다.

인공지능이 더 발전할수록 인간이 살 길은 더욱 더 인간으로 돌아가는 '회귀'에 있다. 기술을 향해 앞으로 나아가지 않고 다시 인간을 향해 되돌아오는 것, 이것이 인공지능 시대의 위대한 '역설'이 될 것이다. 뜨겁게 일상을 살아낸, 때로는 가슴 벅차고, 때로는 거창할 것 없이 잔잔하고, 때로는 아프고, 때로는 신명나는 우리의 모든 이야기들이 유일한 '구원'이 될 것이기에.

윤소정

한의사. 서울대를 졸업한 뒤 인터넷 포털, 휴대폰 소프트웨어 개발 회사에서 일했다. 건강에 대해 관심을 가지면서 한의대에 진학, 한의학의 매력에 푹 빠지게 되었다. 사람을 고치는 의학이자 과학으로의 한의학뿐 아니라 오랜 역사와 함께한 문화로서의 한의학에 관심이 많다. 한의학은 허준과 《동의보감》으로 대표되는 자랑스러운 우리의 자산이지만, 지나간 옛 의학이라는 편견도 있다. 강의와 저서 활동을 통해, 한의학의 장점을 알리고 잘못 알려진 오해를 풀고자 노력한다. 좀 더 많은 이들에게 다가갈 수 있는 쉽고 재미있는 한의학에 대해 늘 고민 중이다. 《중년을 위한 동의보감 이야기》, 《(한의사 윤소정 선생님이 맥을 짚어주는) 한의대로 가는 길》, 《얼굴과 몸을 살펴 건강을 안다》, 《유비백세》(공저)를 집필했다.

책을 쓰고 싶은 당신, 무엇부터 시작해야 할까?

1. 책을 쓰는 것과 글을 쓰는 것, 어떤 것을 목표로 할 것인가?

글쓰기와 책쓰기는 많은 공통점을 가지고 있지만 다른 점 역시 분명히 존재한다.

예전에는 글쓰기가 주로 전문 작가의 몫이라고, 글을 쓴다는 건 곧 책을 쓰는 것이라고 여겼다. 작가는 출판사에서 책을 내주는 소수의 사람들이었고, 그렇기에 작가는 아무나 될 수 없었다. 글이라는 것도 소설, 시, 수필 등 문학 장르를 먼저 떠올렸다. 비문학을 쓰는 사람들을 작가라는 호칭으로 부르는 데에는 인색했다.

하지만 요즘은 글을 쓰지 않는 사람을 찾기 힘들 정도로 수많은 사람들이 글을 쓴다. 개인 SNS, 블로그에 글을 올리고 유튜브 같은 동영상에도 자막이 들어간다. 출판사에서 내 글을 선택해

주지 않아도, 독립출판을 통해 언제라도 내 책을 낼 수 있다. 종이책이 아닌 전자책을 만들 수도 있으니, 그야말로 마음만 먹으면 누구나 자신의 이름이 적힌 책 한 권 가질 수 있는 세상이다.

글쓰기와 책쓰기의 차이는 우선 방향성에서 찾을 수 있다. 사람마다 글을 쓰는 이유는 다양하다. 나의 내면을 들여다보고 치유하기 위한 목적으로 글을 쓰기도 하고, 여러 사람들에게 내가 알고 있는 지식과 정보를 전달하기 위해서 글을 쓰기도 한다. 글의 방향이 외부가 아닌 나 자신을 향하고 있다면 이것이 굳이 책으로 나올 필요는 없다. 하루에 있었던 일을 적는 일기를 예로 들 수 있다. 일기에는 단순히 오늘 어떤 일이 있었는지 간단하게 기록할 수도, 그에 대한 생각이나 느낌을 자세하게 적을 수도 있다. 화가 났던 일에 대한 분노를 쏟아낼 수도, 슬픔을 극복하기 위하여 쓸 수도 있다. 나의 솔직한 마음을 적은 일기는 오히려 누가 볼까 두려워하며 꽁꽁 숨겨두기도 한다. 철저히 나를 위한 글이기 때문이다. 물론 일기 중에도 유명한 책들이 있다. 이순신 장군의 난중일기, 유대인 소녀가 쓴 안네 프랑크의 일기 등이 그것이다. 하지만 대부분의 사람들이 쓰는 일기는 책과는 거리가 멀다. 만약 내 일기가 책으로 나온다는 걸 염두에 두고 쓴다면, 지금과는 다른 글이 될 가능성이 높다.

반면 책을 쓰는 건 독자를 생각하지 않을 수 없다. 어떤 사람들이 내 책을 읽을 것인지 잊지 말아야 한다. 책을 쓰는 작가라면 누구나, 많은 사람들이 내 책을 읽기를 원할 것이다. 베스트셀러를 쓰는 것은 모든 작가의 꿈이고, 더 나아가 내 책이 오랜 시간이 흘러도 사랑받는 고전이 된다면? 상상만 해도 벅찬 일이다.

그렇다고 해서 아이부터 어른까지, 다양한 배경을 가진 사람들을 예상 독자로 결정하고 책을 쓰는 건 무모하다. 여러 사람을 만족시키려다가 아무도 원하지 않는 모호한 글이 되기 십상이다. 타깃층은 구체적이고 명확할수록 좋다. 아예 한 명을 지정하는 것도 방법이 될 수 있다. 해리포터 시리즈를 쓴 조앤 K. 롤링 역시 딸에게 들려주기 위해서 글을 썼다고 한 바 있다. 그러나 이 책의 독자가 단 한 명이 아니라는 건 우리 모두가 알고 있다. 해리포터 시리즈는 80개 언어로 번역되어 2020년도에 이미 전 세계적으로 5억 부가 넘게 팔렸으며, 성경 다음으로 많이 팔린 책이라고 불릴 만큼 유명하다.

기존에 있는 출판사를 통해 책을 출판하는 방법은 크게 기획출판, 자비출판으로 나눌 수 있다.

기획출판은 우리가 일반적으로 알고 있는 전통적인 출판 형태이다. 출판사는 작가와 계약을 체결하고 기획과 편집, 디자인, 인쇄, 마케팅, 유통 작업을 수행한다. 출판사 비용으로 제작하기 때문에 작가는 비용을 들이지 않고 책을 낼 수 있다. 원고를 작성, 출판사에 투고해서 채택될 경우 가능한 방법이다.

자비출판은 작성한 원고를 출판사에 의뢰해 책을 제작하는 방식으로, 이때 비용은 작가 자신이 부담한다. 기획출판과 마찬가지로 원고를 제외한 모든 과정을 출판사가 담당한다. 책을 내고 싶은 사람들은 많아진 반면 책을 읽는 사람들은 줄어들었고 출판업계는 갈수록 어려워지는 실정이다. 이러한 배경으로 요즘은 자비출판을 하는 경우가 늘어났다. 출판사는 자비출판을 통해 전통적인 기획출판을 할 때 감수해야 하는 위험요소를 줄이고 수익을 보장받을 수 있고, 작가는 비교적 쉽게 책을 낼 수 있다.

기획출판과 자비출판의 중간 형태인 반기획출판도 있다. 작가가 초판 비용의 일부를 부담해서 출판하는 방식으로, 중쇄부터는 출판사가 비용을 내고 작가에게 인세를 지급한다.
해리포터 시리즈는 21세기를 대표하는 아동문학, 청소년문학이지만 '요즘 아이들은 마법이나 마술사에겐 관심이 없다'는 이유로 10번이 넘게 퇴짜를 맞았다. 만약 조앤 K. 롤링이 기획출판이 아닌 자비출판을 하려고 했다면, 이 정도로 출판이 어렵진 않았을 것이다.

기획출판을 하기 위해서는 출판사를 설득해야 한다. 출판사

역시 이윤 추구를 목적으로 하는 회사이기에 팔릴 것 같은 책이 아니라면 선뜻 작가와 계약하지 않는다. 책의 판매에 있어서 작가의 인지도는 무시하지 못할 중요한 요소이기 때문에, 내가 유명인이 아니라면 더욱 그렇다. 아무리 좋은 내용을 담고 있는 책이라도 팔리지 않을 것 같다면 출판사로서는 굳이 위험을 감수할 이유가 없기 때문이다.

투고를 할 때는 원고와 함께 출간기획서를 제출하는데, 출간될 책에 대한 전반적인 기획을 담은 문서이다. 출판사에서 제공하는 기획서 양식이 있는 경우도 있고 투고하는 작가에 따라 달라지기도 하지만, 보통 다음과 같은 내용이 포함된다. 책의 제목과 목차, 저자 소개 같은 기본적인 것은 물론 기획 의도, 타깃 독자, 유사도서 혹은 경쟁도서 분석, 마케팅 방안 등이 그것이다.

그렇다면 자비출판 혹은 독립출판을 할 때는 출간기획서가 필요 없을까? 단순히 기획서라는 문서 자체의 유무가 중요한 것은 아니다. 하지만 내 책을 좀 더 많은 사람이 읽기 원한다면 시장분석, 홍보방안 등을 구체적으로 생각해야 한다.
그리고 이것이 바로 책쓰기와 글쓰기의 차이점이 된다. 글쓰기와는 달리 책쓰기는 마케팅을 고려하지 않을 수 없다. 책은 값이 매겨진 상품이기 때문이다.

글을 쓰길 원하는가? 그럼 쓰면 된다. 어떤 글이든 자유롭게 써 내려갈 수 있다.

그러나 책을 쓰는 것이 목표라면, 내가 쓴 책이 왜 세상에 나와야 하는지를 곰곰이 생각해 보자. 책을 쓰는 건 나지만, 그 책을 보는 것은 독자이다. 내 책이 누구를 향해서 가야 하는지, 수신자이자 소비자인 독자를 잊어서는 안 된다.

2. 내가 자신 있는 분야를 찾아라.

책을 쓰고 싶다면 내가 자신 있는 분야를 택하는 게 유리하다. 전문적으로 공부한 것, 직업으로 삼고 있는 일 등이 있다. 나의 경우에도 책을 쓰고 싶다는 생각이 든 이후 제일 먼저 택한 주제가 한의학이었다.

물론 여러 가지 상황으로 인해 원하지 않은 전공을 공부하기도 하고, 단지 돈을 벌기 위해서 직업을 택한 경우도 있다. 하지만 오랜 시간 같은 일을 하다 보면 그 일에 자신감이 생긴다. 적어도 그 분야에 관해서만큼은 다른 사람들에 비해 잘 알게 된다. 나는 한의학과 건강에 관심이 있는 사람들에게 강의를 하다가 책을 쓰면 어떨까 생각하게 되었다. 한의학을 전공하지 않은 이들에게 좀 더 쉽고 재미있게 한의학을 알려주고, 혹여라도 한의학에 대해 오해하거나 편견을 가지고 있는 부분이 있다면 올바른 정보를 제공하고 싶었다.

전문지식을 갖고 있더라도 내가 과연 책을 쓸 자격이 있을까 고민하는 사람들도 있다. 나 역시 그랬다. 나보다 훨씬 더 깊게 공부한 교수님들, 오랜 세월을 임상에서 환자를 본 선배 한의사들이 있는데 감히 내가 책을 써도 될까? 두려움이 앞섰다.

그래서 틈새를 파고들기로 했다. 한의학이라는 다소 생소한 분야에 사람들이 흥미를 느낄 수 있게 하는 방법을 찾았고, 그중하나가 그림을 활용한 것이다. 조선시대 윤두서가 자화상에서 그린 강렬한 눈을 통해 한의학에서 눈이 가진 의미를 설명하고, 안견의 몽유도원도에서 표현한 무릉도원에 있는 복사꽃(복숭아 나무의 꽃)의 효능을 《동의보감》에서 어떻게 말하고 있는지 소개했다. 그림을 매개체로 한의학에 접근하기 위해서는 한의학과 관련된 소재의 작품을 찾는 것이 관건이었다. 한의학은 전공 분야였지만 미술은 그렇지 않기에 자료조사를 열심히 하는 수밖에 없었다. 도서관에 있는 미술에 관련된 책은 모조리 훑어보았고, 그래도 부족한 부분은 신문기사와 논문, 인터넷 자료로 보충했다. 그렇게 찾은 그림에서 한의학적인 요소를 뽑아내어 풀어가기 시작했다. 행여라도 잘못된 한의학 지식을 전달할까 봐 아는 것도 두 번, 세 번씩 확인하며 한의학의 관점으로 설명했다. 완성한 원고를 출판사에 투고했고, 계약서를 쓰게 되었다. 그것이 나의 첫 책이다. 지금 생각해 보면 꽤 무모한 일이었다. 어떻게 될지도 모르는데, 무작정 전체 원고를 다 쓴 후에 투고했으니 말이다. 실제로 그다음에 같은 방식으로 쓴 원고는 투고에 실패해 계약하지 못한 채 여전히 컴퓨터 안에 남아있다. 하지만 그 노력이 헛되지 않았던 것은 그 과정을 통해 계약 2건을 하게 되었기 때문이다. 투고했지만 출판사에서 채택하지 않았던 그 원고 대신, 새로운 기획을 해서 한의학에 대한 책을 함께 써보자는 제안을 받았다. 그렇게 두 권의 책을 더 낼 수 있었다. 이후에는 투고를 하지 않아도 함께 책을 내보자는 연락이 오기도 했다.

자신 있는 분야란 전공 지식에 국한된 것만은 아니다.

요즘에는 많은 사람들이 다양한 종류의 책을 쓴다. 수필만 해도 그렇다. 수필은 인생이나 자연 또는 일상생활에서의 느낌이나 체험을 생각나는 대로 쓴 산문 형식의 글로, 일정한 형식을 따르지 않는다. '따를 수'와 '붓 필'이 합쳐진 단어로 '붓 가는 대로 쓰는 글'이라고도 한다. 그럼에도 수필은 문학의 한 장르이고, 수필을 쓰는 건 소설이나 시를 쓰는 것만큼이나 어렵게 여겨졌다.

《인연》, 《오월》, 《은전 한 닢》 등의 수필로 유명한 피천득 작가는 수필에 대해서 이렇게 표현했다. "수필은 한가하면서도 나태하지 아니하고, 속박을 벗어나고서 산만하지 않으며, 찬란하지 않고 우아하며 날카롭지 않으나 산뜻한 문학이다." 이것은 피천득의 《수필》이라는 수필의 일부로, 이렇듯 수필에 대한 정의를 내릴 수 있는 경지에 이르러야 비로소 수필을 쓸 수 있다고 생각했다.

정말 수필은 그렇게 어려운 글일까?

수필은 편지나 일기 형식, 감상문, 기행문, 평론 등 다양한 양식을 포함한다.

내용과 기술 방법에 따라 수필은 에세이essay와 미셀러니miscellany의 두 가지로 나눌 수 있다. 사회적 관점, 논리적 체계, 지적 요소, 객관적 진술, 비판적 문제에 근접하는 글을 에세이라 하고, 개인적 문제, 정서적 세계, 감성적 감각, 주관적 판단 등 신변잡기에 가까운 것을 미셀러니라고 한다. 에세이는 사회 문제와 같은 무거운 내용을 소재로 하여 논리적이고 사색적으로 쓴 중수필, 미셀러니는 일상생활에서 일어난 일을 소재로 가볍게 쓴 경수필로 이해할 수도 있다. 이때 후자인 미셀러니가 좁은 뜻의 수필에 해당된다.[1]

---

1) 수필을 영어로 에세이라고 하고 두 단어를 혼용하여 사용할 때가 많으므로 굳이 구분하지 않아도 괜찮다.

서양에서 에세이를 처음 쓴 사람은 프랑스의 몽테뉴^{1533 ~1592}이고, 그 책은 수상록이다.

몽테뉴는 사상가이자 철학자로, 수상록의 원제목인 '에세^{Essais}'는 '시험, 시도, 경험' 등을 의미한다. 고금 서적의 단편을 인용하고 윤리적 주제, 역사상의 판단·의견을 소개하며, 자신의 비판과 고찰을 더한 감상문 형식으로 이루어져 있다.

우리나라의 대표적인 수필작품으로는 조선시대 김만중의 서포만필, 유형원의 반계수록 등이 있다. 김만중은 고전 한글소설인 구운몽의 작가이고, 유형원은 이름난 실학자이다. 서포만필의 '서포'는 김만중의 호이고, '만필'은 '일정한 형식이나 체계 없이 붓 가는 대로 쓴 글'이라는 뜻이다. 서포만필에서는 중국 제자백가의 여러 학설 중에서 의문점을 밝히고 우리나라 신라 이후의 명시들을 비평하고, 김만중 자신이 가지고 있는 국어와 국문학관을 피력하고 있다. 반계수록에서 '반계'는 유형원의 호, '수록'은 '수시로 적어 놓은 글'로 국가 운영과 개혁에 대한 견해를 담은 정책서이다.

에세, 만필, 수록이라는 단어만 놓고 보면 우리가 알고 있는 수필 혹은 에세이와 다를 것이 없다. 하지만 내용은 심상치 않다. 폭넓고 깊은 지식을 바탕으로, 저명한 문인이나 학자만이 쓸 수 있는 글 같다. 수필이나 에세이는 역시 아무나 쓸 수 없는 걸까?

하지만 실망할 필요는 없다.

이 시대를 사는 우리들 곁에는 과거와는 달리 다양한 수필과 에세이가 존재한다. 문학을 전공하지 않은 일반 사람들도 비교적 쉽게 수필을 쓰고, 실제로도 많은 종류의 에세이가 출간되고 있다. 몇 년 전부터는 취향 에세이가 늘어나고 있는데, 라면·카레·짜장면 등 음식 취향부터 기타, 서핑, 피트니스, 베이킹 등 취미에 이르기까지 그 주제도 다채롭다.

한 분야에 꼭 정통해야 책을 쓸 수 있는 것도 아니다.

예를 들어, 수영에 관한 책을 수영을 배우는 과정 중에 있는 사람이 쓸 수도 있다. 수영선수나 수영 강사가 아닌 사람이 책을 냈다고 해서 그 책의 가치가 떨어지지 않는다. 이제 막 수영을 배우려는 사람들에게는 더욱더 실감 나게 와닿는 책이 될 수 있다. 전문가의 설명이 난해하게 느껴지는 초보자들이 오히려 이해하기 쉬운 방식으로 정보를 제공할 수도 있다.

요즘 내가 관심이 가는 분야가 있는가? 그것은 향수일 수도, 비건(우유나 달걀까지 먹지 않는 가장 엄격한 채식주의자)일 수도, 시골살이일 수도 있다. 중고거래 플랫폼인 당근마켓일 수도, 하다못해 우리가 매일 신는 양말일 수도 있다.

향수를 뿌리는 사람이 얼마나 된다고⋯. 비건은 소수이지 않을까? 타깃 독자층이 이렇게 적은데 책으로 나올 수 있나? 지금

내 눈앞에 굴러다니고 있는 양말에 대해서 책을 쓴다고? 이런 걸 궁금해하는 사람이 있을까? 나의 관심사로 책을 써보자니 이것저것 걱정이 앞서기도 한다.

하지만 충분히 가능하다. 이러한 주제로 쓰인 글들은 이미 책으로 출간되었을 뿐 아니라, 많은 사람의 공감을 얻으며 사랑받고 있다.

내가 직접 도전하고 경험한 것, 좋아하는 것을 바탕으로 하여 독특한 관점과 실용적인 지식을 담아낸다면, 그것이 곧 나의 전문분야이고 자신 있게 말할 수 있는 이야기가 된다.

3. 특정 분야의 지식,
   전공 용어를 쉽게 전달하는 방법

모든 분야에는 그곳에서만 사용하는 전문용어들이 있다.

얼마 전부터 요가원을 다니기 시작했는데 아쉬탕가, 빈야사, 하타, 인요가 등 각 수업 시간의 이름부터 뭐가 뭔지 알 수 없었다. 그렇다고 대충 시간 맞는 데로 들어가서 참여하는 것은 운동능력이 부족한 나로서는 두려운 일이었다. 고난도의 동작을 하는 건 아닌지, 괜히 무리하다가 도리어 관절이 다치는 건 아닐지 걱정이 앞섰다. 요가는 다른 사람과의 경쟁이 아니고 내가 할 수 있는 만큼만 하는 거라지만, 어려운 수업에 참여하기란 그것만으로도 부담스러웠다.

요가를 해본 경험이 처음은 아니었다. 몇 년 전에도 배웠지만 그때는 수업이 이런 방식으로 구분되지 않았을뿐더러, 모르는 용어가 있어도 그냥 그런가 보다 하고 흘려 들었다. 동작만 따라가기도 벅찼기 때문이다. 처음에는 다른 운동을 할 때 들어보았던 소수의 단어만 알아들을 수 있었다. 다운 독(개가 기지개를 켜는 것처럼 하는 산 자세), 아기 자세(휴식 자세), 고양이 자세 등은 필라테스나 PT를 할 때도 들어봤던 것들이었다. 그러다가 반복해서 수업을 들으면서 몇몇 단어들이 귀에 익숙해지기 시작했다. 타다아사나(선 자세), 사바아사나(송장 자세), 부장가사나(코브라 자세) 같은 말은 산스크리트어(인도의 고전어)였지만 요가를 하는 사람들에게는 기본적인 용어이기도 하다. 만약 요가에 관한 책을 내고 싶은 사람들이라면 이런 단어를 제외하고 쓰기는 쉽지 않을 것이다.

나 역시 한의학 책을 쓸 때 했던 고민 중 하나가 한의학 용어를 얼마만큼, 어떻게 써야 할지 결정하는 문제였다.
한의학에서 사용하는 용어는 대부분 한자로 이루어졌기에 더욱 어려웠다. 예전에는 책이나 신문기사에서도 한자를 자주 접할 수 있었지만, 요즘은 웬만한 글에서 한자를 찾기 힘들다. 게다가 영어보다 한자에 더 불편함을 느끼는 사람들도 적지 않았다.

한의학 용어를 사용할 때 특히 염려되었던 것은 같은 단어라도 일반적인 의학용어와는 다른 뜻으로 쓰일 때가 있다는 점이다. 대표적인 것으로 오장육부 중 비장을 들 수 있다. 비장은 의학에서는 지라^{spleen}를 뜻한다. 지라는 척추동물의 림프 계통 기관으로 위^{stomach}의 왼쪽이나 뒤쪽에 있다. 인체에서 가장 크고 중요한 림프기관으로, 오래된 적혈구를 파괴하고 림프구를 만들어 내는 작용을 한다. 하지만 한의학에서 비장은 오장 중 하나로, 육부 중에서는 위와 짝을 이루는 장부이다.

이때 내가 택한 방법은 사람들에게 친숙한 표현부터 접근하는 것이다. "난 비위가 약해서 그런 음식은 싫어.", "비위가 상해서 지금은 못 먹겠어.", "맛있는 냄새를 맡았더니 비위가 동하는군." 이렇게 우리는 비위라는 단어를 종종 사용하는데, 이건 한의학적 생리학에 근거를 둔 것으로 비장과 위를 합쳐 부르는 말이다. 즉 림프기관으로서의 비장이 아닌 소화기관으로서의 비장을 의미한다. 한의학에서 비장이 무엇인지는 잘 모른다 하더라도, 오랫동안 우리가 써온 언어에서 그 뜻을 유추해 볼 수 있다.

국어사전에서 비위의 첫 번째 뜻은 '지라와 위를 통틀어 이르는 말'이지만, 두 번째 뜻인 '음식물을 삭여 내는 능력', 세 번째 뜻인 '어떤 음식물을 먹고 싶은 마음'은 소화작용과 관계된다. 《동의보감》은 비위에 대해서 "위는 주로 받아들이고 비는 주로 소화시킨다."라고 설명했다. 우리는 위를 속된 말로 밥통이라고도 부르는데, 이는 '밥을 담아두는 통'이란 의미이다. 위가 음식을 받아들여 담는 그릇이라면, 직접적으로 소화시키는 건 비장이 담당한다. 한의학에서 비장은, 현대의학으로 보자면 이자(췌장)와 소장의 일부 기능까지 포함하는 장기이다.

마지막으로 비위의 뜻에는 '어떤 것을 좋아하거나 싫어하는 성미. 또는 그러한 기분'이 있다. "그 사람은 성격이 까칠해서 비위 맞추기 참 힘들어." 이런 말을 할 때의 비위 역시 한의학에서의 비장과 관련이 있다. 소화를 담당하는 비장이 성격이나 기분과 대체 무슨 상관이 있을까 싶지만, 한의학에서 오장은 감정과 밀접하게 연결되어 있다. 이 중 비장은 생각[2]과 관계가 깊은데, 생각이란 사물을 인식하고 문제를 고려하는 사유 활동이다. 다시 말해 마음이 가는 방향에 근거하여 사물의 변화를 관찰하는 것이다. 여기서 '마음이 가는 방향'이란 건 '어떤 것을 좋아하거나 싫어한다'는 비위의 뜻과 일맥상통한다.

인간은 생각하는 동물이라지만, 생각이 과도하게 많은 것도 좋지만은 않다. 특히나 부정적인 생각을 반복하고 그 생각이 머릿속에서 떠나지 않을 때, 속이 메슥거리고 밥맛이 없고 소화도 잘되지 않는다. 현대의학에서 생각이나 감정은 뇌가 담당하는 영역이지만, 한의학에서는 장부 특히 오장과 연관된다. 그리고 이건 비과학적이라기보다는, 기능에 바탕을 둔 설명이다. 생각이 많을 때 우리 몸에서 일어나는 변화를 보고 비장과 연결시킨

---

2) 간은 분노, 심장은 기쁨, 폐는 슬픔, 신장은 놀람이나 두려움과 관련이 있다.

것이다. 그리고 이를 바탕으로 실제적인 치료에 응용했다. 생각이 과도하게 많아서 밥맛을 잃은 사람에게는 비장을 튼튼하게 해주는 침이나 약을 처방하는 것이다. 몸이 건강해지면 정신과 마음도 건강해질 수 있음을 보여주는 좋은 예이다.

이처럼 한의학 용어를 소개할 때는 일상생활에서 사용하는 단어부터 시작해서 정리해 나갔다. 더불어 한의학에서 빼놓을 수 없는 기본적인 용어부터 설명하는 것도 잊지 않았다. 한의학에 대해 이야기하자면 계속 언급할 수밖에 없는 개념을 먼저 정립한 다음에, 조금 더 깊이 있는 내용으로 들어갔다. 용어의 뜻을 풀이할 때 한자를 활용하는 것이 도움이 된다면 가능한 최소한으로, 꼭 필요할 때만 사용하려고 했다. 동음이의어도 그중 하나이다.

예를 들어 한의학에서 말하는 인체의 기본 구성 요소는 정기신혈로, 건강에 좋은 혈자리나 약재의 효능을 말할 때 빠지지 않고 등장하는 용어이다. '혈'은 피(blood)이고 '신'은 '정신, 마음'이다. '기'는 '기운, 기력'의 뜻으로 "엄마의 꾸중으로 기가 죽었다." 혹은 "제 편을 좀 들어줬더니 금방 기가 살았다.", "기를 쓰고 공부했다.", "요즘 기도 못 펴고 살고 있다.", "하도 기가 막혀서 말이 나오지 않았다."처럼 우리나라 사람들에게는 친숙한 표현이다. '정'은 흔히 정력이라는 단어로 많이 사용한다. 하지만 '정'은 한의학에서 훨씬 더 넓은 의미로, 몸을 이루는 근본이자 뿌리이며 보배로 여긴다. 한자 정精의 뜻 중에도 '가장 좋다'는 의미가 있다. 이 글자는 '미(米; 쌀, 곡식)'와 '청(靑; 생명의 푸르름, 젊고 왕성함)'이 합쳐져 이루어졌는데, 우리가 먹는 음식 중 가장 좋은 것이 정이 되기 때문이다.

'기'와 '혈'은 붙여서 '기혈'이라는 단어로 자주 사용하는데, 일반적으로 우리가 보약이라고 부르는 한약은 기혈이 부족한 사람에게 주로 처방한다. 또한 기혈이 막힌 곳에 침 치료를 통해 기와 혈이 원활히 통하도록 하는데, 이때 침을 놓는 혈자리를 혈血 즉 피와 관계가 있다고 혼동할 수 있다. 기와 혈을 합쳐 부르는 기혈氣血은 혈자리를 뜻하는 기혈氣穴과 한글로는 같기 때문에 특히나 오인하기 쉽다. 기혈氣穴은 14경맥에 속해 있는 혈穴로, 경혈과 같은 말이다. 경맥은 기와 혈이 순환하는 기본 통로인데, 이 중에서도 기혈(경혈)은 '경락의 기가 체표로 발현되는 곳'이다. 다시 말해 인체의 기가 출입하고 활동하는 문으로, 침을 놓는 치료 부위가 된다. 이건 혈穴이라는 한자를 보면 이해하기 쉬운데 '구멍, 동굴, 움막'이라는 뜻으로 '무언가가 모이는 공간이나 틈'을 말한다.

다음의 그림을 보면 경락과 경혈을 눈으로 확인할 수 있다. 경락은 선으로, 경혈은 점으로 표시되어 있다.

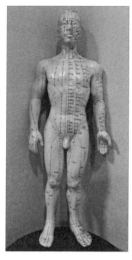

동인
: 인체의 경락과 경혈이 표시된 전신 인형
: 예전에는 청동(구리)으로 만들었기 때문에
  동인이라는 이름이 붙여졌다.

《(한의사 윤소정 선생님이 맥을 짚어주는) 한의대로 가는 길》 중에서

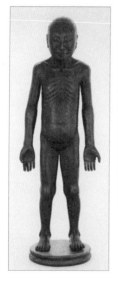

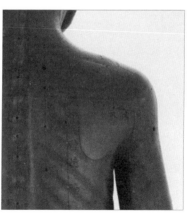

동인
: 1741년, 높이 86cm, 국립고궁박물관 소장
: 몸체 앞뒤와 팔, 다리, 머리 등에 총 354개의
  경혈을 표시

수많은 한의학 용어 중 앞서 소개해야 할 것을 선택하는 데에
는, 또 다른 중요한 기준이 있었다. 한의학 강의를 하거나 한의
원에서 환자를 치료할 때 많이 받았던 질문이 그것이다. 즉 많
은 이들이 궁금해하는 부분을 우선적으로 설명하려고 했다.

한의학에서 약재나 음식에 대해 이야기할 때 '성질이 차다, 따
뜻하다' 혹은 '평하다'라고 한다. 어떤 환자에게 "열이 많은 체질
은 인삼이나 홍삼을 지나치게 많이 드시면 탈모가 오거나 생리
주기가 빨라질 수 있어요."라고 주의사항을 알려줄 경우, 이는
인삼과 홍삼의 성질이 따뜻하기 때문이다.
인삼, 홍삼은 보익하는 효능이 뛰어난 약재로 특히 기를 보하는
데 탁월하다. 사상체질 중에서는 속이 차고 비위가 약한 소음
인에게 좋은 약이다. 하지만 아무리 훌륭한 약이라도 내 체질과
맞지 않으면 그만큼의 효과를 기대할 수 없는데, 열이 많은 소
양인이 인삼과 홍삼을 과하게 섭취하면 가슴이 답답하거나 머
리가 아프고 어지러운 증상이 나타날 수 있다.

약재가 가진 고유의 성질은 한열온량평의 5가지가 있다. 한은
차가운 것, 열은 뜨거운 것, 온은 따뜻한 것, 량은 서늘한 것,
평은 한열 중 어느 한쪽에 치우치지 않은 것이다. 약재가 아니
라 음식도 마찬가지이다. 다만 음식은 어떤 한 쪽으로 크게 기
울지 않은 온화한 성질을 가진다. 아플 때 단기적으로 복용하

는 약과는 달리 음식은 오랫동안 두고두고 먹는 것이기에 약에 비해서 대체로 성질이 무난하다. 양념으로 다용하는 파, 마늘, 고추, 후추 등은 성질이 따뜻해서, 몸이 차가워지기 쉬운 소음인에게 적합하다. 소음인이 오이, 참외, 수박 같은 성질이 찬 음식을 많이 먹으면 소양인보다 배탈, 설사가 나기 쉽다.

《(한의사 윤소정 선생님이 맥을 짚어주는) 한의대로 가는 길》은 학생들을 대상으로 한 책이었기 때문에, 한의학 용어를 좀 더 쉽게 전달하려고 노력했다. 한약 처방이나 약재 이름을 언급하는 경우에는 사진을 함께 수록했다. 아래는 당귀와 자근, 두 가지 약재를 주재료로 만드는 한방 연고인 자운고에 대해 설명할 때 넣었던 사진이다. 낯선 약재 이름을 시각적인 자료로 보여줌으로써 보다 생생하게 느껴지도록 했다.

당귀

자근

자운고

이렇듯 전공 지식과 용어를 소개한 방법은 크게 5가지가 있다.

    1) 일상적인 상황이나 비유를 통해 설명하기

    2) 기본적인 개념부터 정리하기

    3) 한자는 뜻풀이나 동음이의어 등 필요할 때만 활용

    4) 많은 사람들이 궁금해하는 내용을 먼저 설명하기

    5) 이미지 등 시각적 요소를 사용하기

하지만 몇 가지 기준을 정해두었음에도 불구하고, 책을 쓰는 내내 의심하고 돌아보고 수정을 반복했다. 앞서 기혈氣穴을 설명할 때만 해도 그렇다. 용어 하나를 소개하기 위해서 더 복잡한 단어를 사용한 건 아닐까? 일반적으로는 경락이 익숙한 용어지만 정확히 하려면 14경맥으로 쓰는 게 맞는데, 그렇다고 여기서 경맥과 경락의 차이점까지 설명하는 건 과하겠지? 경맥의 종류 14가지가 뭔지 혹시 궁금해하는 독자들이 있진 않을까? 수많은 걱정과 고민이 머릿속을 스쳐 지나갔다.

때로는 이해하기 쉽게 쓰려고, 실제 사용하는 한의학 용어와는 조금 다르게 표기할 때도 있다.
오장육부 중 다섯 가지 장을 뜻하는 오장은 간, 심장, 비장, 폐, 신장이 있는데 한의학에서는 심장, 비장, 신장보다는 심, 비, 신으로 부른다. 이렇게 한 음절의 단어로 사용하면 다른 단어와 헷갈릴 수 있기 때문에 아예 한자인 心, 脾, 腎으로 적는다.

명칭의 차이뿐 아니라 현대의학에서 말하는 심장, 비장(지라), 신장(콩팥)보다 훨씬 다양한 역할을 하는 장기라고 여긴다.

한의학에서는 오장을 굉장히 중요하게 취급한다. 특히 심장은 단지 혈액을 순환시키는 펌프의 작용을 하는 근육 덩어리가 아닌, 한 나라의 임금처럼 몸에서 제일 주된 장기라고 하여 '군주지관'이라고 칭했다. 심장에 작용하는 대표적인 처방인 우황청심원은 요즘은 마음을 안정시키는 약으로 알려져 있지만, 《동의보감》에서는 중풍의 치료약으로 사용했다. 여기서 청심은 '심장의 화를 풀어주고 열을 내리다'는 뜻이다. 청심원이 심장의 질환뿐 아니라 뇌질환과 신경성 질환에까지 두루 쓰이는 것도 심장이 우리 몸에 미치는 영향이 크기 때문에 가능한 일이다.

어떤 분야의 지식 특히 그 분야에서만 주로 사용하는 용어를 풀어내기란 쉽지 않다. 받아들이기 쉬우면서도 지루하지 않게, 재미를 느끼도록 쓰는 것에 신경을 쓰다 보면 혹여라도 의미가 잘못 전달될까 두렵기도 하다.

마지막으로 어떤 형식으로 쓸 것인가도 생각해 보아야 한다. 본문 안에 용어에 대한 소개를 어느 정도까지 써야 효과적일지, 용어설명이 너무 길어지다 보면 전반적인 내용에 대한 몰입도를 오히려 해치는 건 아닐지. 그렇다면 괄호 안으로 묶거나 책의 아래쪽에 각주로 표시하는 게 나을지, 아니면 아예 본격적인 내용에 앞서 한번 정리해두면 도움이 될지, 혹은 본문이 끝난 후에 부록으로 첨부하는 것이 나을지. 숙고해서 결정해야 할 것이 한두 가지가 아니다.

조금이라도 좋은 책을 만들기 위해서, 그리고 책을 읽는 이들에게 정확하면서도 유익한 정보를 제공하기 위해서는 몇 번을 다시 써도 부족하다. 거기에 더해 독자가 흥미롭게 책을 즐길 수 있다면, 책을 쓰는 사람으로서 그만큼 뿌듯한 일은 없을 것이다.

4. 좀 더 다양한 글을 쓰고 싶다면, 용기 내서 도전하라.

책을 낼 때는 독자 그리고 마케팅이 중요하기에 내가 자신 있는 분야를 택하기 마련이다.

챗GPT로 예전과는 비교도 할 수 없이 단시간 안에 책을 쓸 수 있는 세상이라지만, 유행만을 좇아 내가 관심도 없고 모르는 영역의 책을 내는 경우는 드물다. 챗GPT를 활용한다 하더라도 내가 잘 아는 분야일 때 제대로 된 질문을 할 수 있고 결과도 좋다.

한 분야를 깊이 있게 파고들어 같은 주제로 계속해서 글을 쓰는 경우도 있지만, 때로는 눈길이 다른 곳을 향하기도 한다. 특히나 책을 내는 것이 목표가 아니라 글 쓰는 것 자체를 즐기는 사람이라면, 한 번쯤 새로운 글쓰기에 도전하고픈 욕심이 생기곤 한다.

돌이켜보면 나는 어릴 때 동화와 소설을 쓰고 싶었다. 혼자 공책에 끄적거린 적도 있지만 나이가 들수록 학업과 일에 밀려 그저 희미한 꿈으로만 남겨 두었다. 훌륭한 작가들의 책을 읽으면서 '난 못해, 재능이 없어.'라며 지레 겁을 먹고 포기한 것도 사실이다.

그런데 한의학 책을 한 권씩 완성할 때마다 내가 글쓰기를 참 좋아한다는 걸 새삼 느꼈다. 글을 쓰고 있을 때만큼은 세상만사 근심 걱정도 사라졌다. 무언가에 온전히 몰입할 수 있는 값진 경험이었다. 당장 책으로 나오는 것이 아니더라도 끊임없이 글을 쓰고 싶었다. 그래서 시민기자로서 오마이뉴스에 기사를 쓰기도 하고, 브런치에 이런저런 글을 올리기도 했다.

독서 모임 활동도 이러한 마음을 부채질하는 동기로 작용했다. 성인이 되고 대학을 졸업하고 직업을 가지면서 점점 일과 관련된 책만 읽는 나를 발견했고, 다양한 종류의 책을 읽고픈 목마름이 강해졌다. 굳게 결심하고 책도 사고 도서관에서 빌리기도 해보았지만 번번이 작심삼일에 그칠 뿐 오래가지 못했다. '그래도 일이 먼저지.', '오늘은 피곤한데 잠이나 자자.', '요즘 시간이 통 나지 않네.' 핑곗거리는 많았다.

그래서 도서관에서 모집하는 독서회의 문을 두드렸다. 강제성이 있어야 꾸준히 책을 읽을 수 있을 것 같았다. 그저 책을 읽는 것이 목적이었던 나에게 여러 사람들과 함께 책에 관한 이야기를 나누는 건 생각지도 못한 또 다른 즐거움이었다. 일주일에 한 번씩 정해진 책을 읽고 모여 각자의 감상을 공유하다 보면, 같은 책이라도 사람마다 이토록 다르게 받아들일 수 있구나. 놀라웠다. 주로 소설을 다루었지만 이슈가 된 인문학 책들도 읽었다. 책읽기를 좋아해서 밥 먹을 때도 화장실 갈 때도, 심지어 시험이 코앞인데도 소설책을 붙들고 손에서 놓지 않던 그 시절로 돌아간 기분이었다.

어린이책과 청소년책에도 눈을 떴다. 어느 날 강의 준비를 위해 자폐증에 대한 자료를 조사하던 것이 계기가 되었다. 의학적인 정의는 알고 있었지만, 여전히 뭔가 부족한 느낌에 도서관에 있는 관련된 책을 전부 찾아 읽었다. 그러던 중 어린이자료실까지 가게 되었는데, 자폐증을 가진 동생에 대해 주인공 어린이가 이야기하는 동화를 보았다. 그때 받은 충격은 아직까지도 또렷이 남아있다. 이런 식으로 풀어내면 더욱 쉽게, 그리고 실질적으로 와닿게 설명할 수 있구나. 그 어떤 의학서를 볼 때보다 감탄했고, 새로운 세계에 막 발을 내디딘 느낌이었다.

그전까지만 해도 아이들이 보는 동화책을 찾아서 읽을 생각은 미처 하지 못했다. 어른들을 위한 동화도 물론 있지만, 그다지 흥미가 없었다. 하지만 그날 이후 나는 어린이책을 열심히 읽기 시작했다. 그렇게 관심을 갖게 된 어린이책은 철학, 과학, 심리학을 다룬 것부터 수많은 창작동화까지 방대했다. 전래동화나 이솝 우화, 그림형제, 안데르센 정도가 전부인 줄 알았는데 이렇게 셀 수 없을 만큼 많은 동화와 그림책이 있다고? 매 순간 입이 떡 벌어졌다. 아무리 강산이 몇 번 바뀔 만큼의 세월이 지났다지만 내가 어릴 적과는 비교 자체가 불가능했다. '이러다가 어른 책을 읽기 싫어지면 어쩌지?'라는 엉뚱한 생각이 들 정도로 어린이책에 빠져들었다. 어린이책을 읽는 새로운 모임도 시작했다. 청소년문학이 따로 있다는 것도 뒤늦게 알았다. 과거에는 동화를 읽다가 바로 어른들이 읽는 책으로 들어섰지만, 요즘은 과도기의 청소년을 위한 도서도 많았다. 혼자서라면 절대 몰랐을 책들을 읽는 소중한 시간이었다.

비문학이 아닌 에세이, 동화, 소설 쓰기에 도전하고 싶은 마음이 조금씩 싹텄다. 번뜩이는 아이디어도, 이야기를 창작해 내는 타고난 능력도 없었지만 한번 생긴 불씨는 쉽사리 사그라들지 않았다. 처음에는 한 줄도 쓸 수 없었다. 겨우 몇 글자를 채웠다가 지우기를 여러 번, 손발이 오그라들고 '이게 대체 뭐지? 하나도 재미없어.' 자괴감에 휩싸였다.

플롯은커녕 기승전결을 구성하기도 힘들었고, 시점은 어떻게 잡는 게 효과적일지, 어디까지 지문으로 풀고 어떤 걸 대사로 써야 긴장감 느껴지는 장면이 될지, 배경 묘사는 어느 정도 해야 적당한지, 복선은 얼마큼 깔아두어야 흥미로울지, 하다못해 등장인물의 이름을 정하는 것 등 하나부터 열까지 쉬운 게 없었다. 그래도 꾸역꾸역 쓰다 보니 우연한 기회에 웹소설을 계약하게 되었다. 아직 결말까지 완성한 것도 아니고, 실제 책으로 나올지 장담할 수도 없지만 나름의 성과를 거둔 셈이다.

아직 이렇다 할 만한 작품을 쓴 건 없지만 그래도 글을 쓰는 것이 좋고 앞으로도 계속 쓰고 싶다. 글솜씨가 뛰어난 수없이 많은 사람들이 있는데 굳이 나까지 변변치 않은 실력으로 쓸 필요가 있을까라는 생각이 문득 들 때도 있다. 하지만 글쓰기 역시 독서처럼 내겐 즐거움이기에 포기하고 싶지 않다. 언젠간 정말 좋은 글을 쓸 수 있기를 바라본다.

5. 좋은 글을 쓰기 위한 방법

글쓰기는 말하는 것과 마찬가지이다. 평소에 잘 들어주는 사람이라도 자신의 이야기를 하고 싶을 때가 있다. 그렇기에 누구나 글을 쓰고 싶은 욕구가 있다. 개인적인 일기이든 SNS나 블로그에 쓰고 타인과 공유하는 글이든, 정보를 제공하는 글이든 문학적인 글이든 종류가 다를 뿐이다.

아무리 사소한 글이라도 쓰다 보면 조금 더 잘 쓰고 싶은 욕심이 생긴다. 다른 사람의 글을 읽기만 할 때는 '이런 글은 나도 쓰겠네.' 만만하게 생각할 수 싶지만, 실제로 써보면 참 어렵다. 소설이나 시에 비해서 비교적 부담 없이 접근할 수 있는 에세이도 그렇다. 분노와 하소연이 가득 담긴 글을 읽고 싶어 하는 사람은 없을 것이다. 개인적인 나의 경험에서 시작했을지라도 타인이 공감할 수 있는 글을 쓰기란 마음만큼 쉽지 않다.

많은 글을 읽지 않아도 수월하게 글을 쓰는 사람들이 있다. 글쓰기를 이제 막 시작했는데도 탁월한 재주로 써 내려가는 사람들도 있다. 하지만 대부분의 작가들은 글을 쓴다는 건 끊임없는 노력이 없으면 힘들다고 말한다. 《무기여 잘 있거라》, 《누구를 위하여 종은 울리나》 등의 작품을 쓰고 《노인과 바다》로 노벨문학상을 수상한, 20세기 미국의 대문호이자 천재 작가라고 불렸던 헤밍웨이조차 "글쓰기는 언제나 어려웠고 가끔은 거의 불가능했다."라고 말했다.

글쓰기의 비법에 대해 물으면, 많은 사람들이 세 가지로 대답한다. 많이 읽고, 많이 쓰고, 많이 생각하라고. 중국 송나라의 문인 구양수$^{1007\sim1072}$의 삼다(三多; 다독, 다작, 다상량)이다. 천 년 전의 인물이 제시한 방법이지만, 글을 쓰고 싶어 하는 사람들이라면 여전히 금과옥조로 삼는 원칙이기도 하다.

쓰려고 하면 읽지 않을 수 없다. 동화를 쓰고 싶으면 동화를, 소설을 쓰고 싶으면 소설을 읽어보아야 한다. 때로는 하나하나 뜯어보면서 분석하고, 필사를 하며 따라 해보기도 한다. 생각하는 것도 필수 불가결한 요소이다. 소재를 정하고, 사건을 만들고, 개연성 있는 스토리를 구성하고, 실감 나는 대사를 쓰려면, 주변에 일어나는 사소한 일도 지나치지 않고 관찰하고 되돌아봐야 한다. 하지만 뭐니 뭐니 해도 쓰지 않으면 아무런 소용이 없다. 머릿속에 아무리 반짝이는 아이디어가 있다 한들, 써야 비로소 글이 된다. 적어도 매일 20분은 무조건 글을 쓰는 습관을 들이라고 한다. 도저히 오늘은 쓸 말이 없다면 '쓸 게 없다.'라도 적으라고 한다. 문장이 안되면 단어의 파편이라도 던져놓으라고 한다.

다상량多商量을 '많이 퇴고하라'로 해석하기도 한다. 想(생각 상)이 아닌 商(장사 상)을 쓴 이유가 있다는 것이다. 일반적으로 '생각하다, 상상하다'라는 의미로 '想'이란 한자를 사용하는데 비해, 여기서는 '헤아리다[3]'는 뜻의 '商'을 썼다. 또한 '다독, 다상량, 다작'이 아니라 '다독, 다작, 다상량'의 차례인 것도 '다상량'이 수정하는 퇴고의 과정이라는 의견을 뒷받침해 준다. 만약 '상량'이 '생각하다'는 뜻이라면 '다작, 다상량'은 '쓰고 난 다음에 생각한다'는 말이 되는데 그보다는 '다상량, 다작(생각한 후에 쓴다)'가 글쓰기의 단계상 합리적이다. 이 때문에 '다작, 다상량'의 순서대로 설명하자면, '이미 쓴 것을 헤아려서 고치다'로 해석하는 게 옳다는 견해이다. 그만큼 퇴고가 중요하다는 의미인데,

---

3) 장사꾼이 이해득실을 따지고 셈하는 것처럼 '헤아리다'는 의미이다.

헤밍웨이는 "The first draft of anything is shit."이라고 격하게 표현했다. 보통은 '모든 초고는 걸레다(혹은 쓰레기다).'라고 번역하지만 원어로는 똥^{shit}이었던 것이다.

글쓰기를 배울 수 있는 통로도 전에 비해 훨씬 넓어졌다. 작법서뿐 아니라, 수많은 온 오프라인 강의들이 있다. 사이버대학의 국문학과나 문예창작학과에 들어가 학위를 따면서 공부할 수도 있고, 일반인을 대상으로 하는 수업도 쉽게 찾을 수 있다. 이론만 알려주는 강의부터 첨삭을 해주는 강의까지, 수업료도 천차만별이다. 유튜브 등 동영상을 통해 내가 원하는 시간과 장소에서 유명 작가나 전문 강사들이 알려주는 글쓰기 팁도 얻을 수 있다.

혼자서 쓰기가 힘들면 함께 글을 쓰고 읽고 의견을 나누는, 뜻이 맞는 사람들과 모임을 가지는 것도 좋다. 요즘에는 온라인 카페나 단톡방을 통해서 비대면으로 모임을 가지는 경우도 많다. 아무래도 내가 쓴 글은 객관적으로 보기가 힘들다. 그러다 보니 퇴고를 해도 크게 벗어나지 못하고 같은 자리에서 맴돌 경우가 많다. 이럴 때 내 글을 읽고 쓴소리를 해줄 수 있는 사람을 만나면, 미처 내가 알아채지 못한 오류를 수정할 수 있다. 자신감이 떨어졌을 때 칭찬을 해주는 사람도 필요하다. 가족과 친구들에게 읽어달라는 것도 한두 번이지, 특히나 글 읽는 것 자체를 좋아하지 않는 지인이라면 서로에게 고역이다.

하지만 글쓰기라는 공통의 관심사를 가진 사람들은 다르다. 부담 없이 내 글을 보여주고 서로의 글을 나누면서 배우는 것도 많다. 잘 쓰는 사람들의 글만 보았을 때는 몰랐던 걸 깨닫기도 한다. 스스로 쓴 글에서는 도통 찾을 수 있는 단점이 다른 사람의 글에서는 잘 보이기 때문이다. 이 과정을 통해 내 글에서 부족한 점을 발견하고 고쳐나갈 수 있다. 좋은 책을 추천해 주면서 같이 읽고 공부할 수도 있다. 글쓰기는 결국은 나 혼자 써내야만 하는 고독한 작업이다. 하지만 이 외롭고 험난한 길을 더불어 걸어갈 동료가 있다면 포기하지 않고 나아갈 수 있는 큰 힘이 된다.

다만 합평의 부작용도 있기 때문에 자신의 성향에 따라 적절한 취사선택이 필요하다. 사람들에게 부정적인 피드백을 받다 보면 글쓰기에 대한 자신감이 떨어지고 위축될 수 있다. 여러 명이 각기 다른 의견을 주기 때문에 그것들을 모두 받아들이려다 보면 원래 내 글이 추구하던 방향성이 흐트러지고 길을 헤맬 수도 있다.

간혹 아이디어를 뺏길까 봐 내 글을 다른 이들에게 보이길 두려워하는 사람도 있다. 하지만 '하늘 아래 새로운 이야기가 없다'

는 말이 있듯이, 내게 특별해 보이는 아이디어라도 타인에게는 그렇지 않을 때가 많기 때문에 과도하게 걱정할 필요는 없다. 물론 아이디어 도용이 드물더라도 아예 일어나지 않는 일은 아니기에, 정말 획기적인 아이템이다 싶은 건 공개하지 않고 글 쓰는 능력을 배양하는 정도로 합평을 활용하는 것도 방법이다. 또한 전자메일 등으로 기록을 남겨 내가 먼저 생각한 아이디어임을 분명히 해두는 걸 습관화하는 것도 좋다.

《분노의 포도》를 쓴 미국의 소설가 존 스타인벡은 이렇게 말했다. "첫 줄을 쓰는 건 어마어마한 공포이자 마술이며, 기도인 동시에 수줍음이다." 헤밍웨이와 동시대를 살았던 그는 《에덴의 동쪽》으로 노벨문학상을 받았는데, 이 작품은 배우 제임스 딘을 주인공으로 한 영화로 제작되어 더욱 유명하다. 인류의 역사에 이름과 작품을 남긴 작가에게도 글쓰기는, 특히나 첫걸음을 내딛는 건 이토록 어렵고도 기적 같은 일이었나 보다.

황순유

25년차 방송인. 매일 밤 진행하는 TBN교통방송 <황순유의 낭만이 있는 곳에>에서 청취자들의 사연을 듣고, 콘서트 무대에서는 관객과 대화하며, 책을 통해 독자와 소통하고 있다. <황순유의 해피타임907>, <6시 내고향>, <바리톤 김동규의 프리미엄 콘서트> 등에서 말을 했고 《77년생 엄마 황순유》, 《내일은 더 잘될 거예요》, 《유비백세》를 썼다. 송암점자도서관 홍보대사로 시각장애인을 위한 낭독 봉사와 사랑의 꿈빵을 나누는 (사)꿈베이커리 홍보대사로 재능기부를 하며 세상의 온기를 느끼고 있다. 한 마디 말의 응원과 한 줄 글의 위로를 알기에 다정한 말과 친절한 글의 힘을 믿는다. 오늘이 즐거워 내일을 기다리는 마음으로 하루하루 행복하게! 오늘도 다 잘될 거예요. 내일은 더 잘될 거예요.

읽고 쓰고 말하고 듣다

2018년 뜨거웠던 여름. 나는 아빠의 자서전을 쓰기로 결심했다. 그 프로젝트는 출판을 위한 것이 아니라 아빠의 이야기를 기록하기 위함이었다. 남들에게 편하게 말할 수 없는 직업으로 정년퇴직을 한 아빠의 이야기를 꼭 담고 싶었고 두 달여 기간의 인터뷰를 통해 화려하진 않아도 투박한 책 한 권이 완성되었다.

아빠는 인터뷰가 진행되던 그해 여름 내내 친구들에게 "나는 일주일에 한 번씩 막내딸이랑 데이트해. 우리 순유가 내 자서전을 써준다나? 허허허." 아빠 특유의 호탕한 웃음소리로 자랑했다고 한다. 그리고 5년이 지난 작년 봄에 아빠는 우리에게 준비할 시간도 주지 않은 채 갑작스레 먼 길을 떠나셨다.

장례 동안 아빠의 영정 사진 앞에는 나 한 권 그리고 아빠 한 권 가지고 있던 아빠의 자서전을 올려놓았고 조문을 온 친구분들은 "그래, 늬 아빠가 이 책자랑 많이 했었다."라며 아빠가 자랑하시던 장면을 생생히 들려주셨다. 하루아침에 남편을 잃고 과부가 된 엄마는 몇 달이 지난 뒤에 "누가 내 얘기는 안 써주나? 나도 참 할 말 많은데…"라며 답답함을 호소하기도 했다.

아빠의 영정 사진 앞에 놓인 자서전《이만하면 잘 살았지, 뭐!》

나의 인생 드라마는 〈디어 마이 프렌즈〉이다. 김영옥, 신구, 나
문희, 김혜자, 윤여정, 주현, 고두심, 박원숙 등 소위 '선생님'이
라는 호칭을 듣는 우리나라 최고의 배우들과 고현정, 조인성이
라는 다른 세대의 주연급 배우가 동시에 출연한 〈디어 마이 프
렌즈〉는 엄마인 고두심이 작가이면서도 변변한 책 한 권 내지
못한 딸 고현정에게 엄마 친구들의 인생을 써보라는 잔소리로
부터 시작되는 드라마였다. 배꼽을 잡고 웃다가 눈물 콧물 쏙
빼고 울다가 시간 가는 줄 모르고 그 드라마에는 한 작가가 늙
은 친구들(작가인 자신의 엄마 친구들)을 바라보는 시점으로
독백이 나온다. 독백은 작가가 쓰는 원고였을 게다.

말수가 적은 사람이든 수다스러운 사람이든 사람은 자신의
이야기를 하고 싶은 욕구가 있기 마련이다. 그게 사는 이야기일

수도 있고 자신이 잘 아는 분야의 이야기일 수도 있고. 하지만 밑도 끝도 없이 자신만의 이야기를 늘어놓을 수 없으므로 책이라는 매개체를 통해 세상과 소통을 한다.

책은 어떻게 쓰는 것일까? 책 쓰기에 대한 의미는 두 갈래로 나눌 수 있다. 하나는 글쓰기요, 하나는 쓰인 글을 책으로 출판하는 과정. 글 없이 책이 완성될 수 없고, 글만 가지고는 책이라 할 수 없기에 글쓰기에서부터 책으로 세상에 나오기까지의 과정이 바로 '책 쓰기'이다. 그렇다면 "책을 쓰고 싶은데 시작이 막막한 당신은 무엇을 어디서부터 어떻게 시작해야 할까?"

얼마 전 한 지인이 야심 차게 새해 계획을 말했다. "올해는 꼭 책을 내려고. 계속 미루다가는 못할 것 같고, 어떻게든 시작은 해야지. 천만 원이면 책을 낼 수 있다네." 같은 자리에 있던 사람 중 반은 '그런가 보다' 하는 표정, 또 다른 반은 '천만 원?' 하고 놀랐다. 그녀는 천만 원이면 자신의 첫 책을 낼 수 있다는 마음에 설레했지만 나는 글재주가 뛰어나고 심지어 써놓은 글도 많은 그녀가 왜 굳이 자기 돈을 들여 책을 내야만 하는가에 대한 궁금증이 떠나지 않았다. 농담 반 진담 반으로 "그 돈 저한테 주시면 제가 좋은 출판사 소개해드릴게요."라는 말로 대화를 마무리했다.

또 다른 한 지인은 책을 쓰려고 하는데 시작을 못 하고 있다는 고민을 털어놓았다. 자신의 전문 분야에 대해 써놓은 원고도 많고, 지금도 쓰고 있으며, 앞으로도 계속 새로운 글을 쓸 거라 했다. 하지만 책을 쓴다는 건 일반 글과는 또 다른 영역이라 어떻게 시작해야 하는지 막막하다는 말이었다.

누구에게나 처음의 순간은 존재한다. 남의 일이라고만 생각해온 글을 쓰는 일, 책을 내는 일 그리고 남의 직업이라고만 여겼던 작가라는 이름표. 남들은 그 막막한 일을 어떻게 해냈을까?

1. 책 쓰기, 어디부터 손을 대야 하나

feat. 처음이 어렵지

신이 손을 대지 않는 몇 가지가 있다고 합니다.

문을 여는 것,

첫 번째 발걸음을 내딛는 것,

첫 문장을 쓰기 시작하는 것,

책의 첫 장을 넘기는 것,

피아노의 건반을 처음 두드리는 것,

씨앗을 처음 심는 것,

처음 이성에게 손을 내미는 것.

전지전능하신 신이 이 쉬운 일들을 해주지 않는 건 이유가 있겠죠?

세상의 모든 시작은 우리가 신에게 보내야만 하는

신호이기 때문이래요.

꿈꾸는 일이 있다면 신호를 보내세요.

그 첫걸음은 우리가 내디뎌야 하니까요.

『내일은 더 잘될 거예요(2019, 도서출판 흔들의자)』

라디오 오프닝 모음집인 나의 두 번째 책《내일은 더 잘될 거예요》에 제일 첫 장에 나오는 글입니다. 세상 모든 일에는 처음, 첫 순간이 존재하기 마련이죠. 지금은 살림꾼이 된 주부 9단도 반찬 하나 만들려면 온 주방이 전쟁통이 되던 초보의 시절이 있었을 것이고, 지금은 무사고 20년 모범운전자들에게도 차선 옮기는 것조차 두려웠던 초보 운전자의 시절이 있었을 겁니다. 처음이 없이 존재하는 건 세상에 없죠.

사람들과 얘기를 나누다 보면 자신의 이름을 건 책을 내고 싶어 하는 분들이 꽤 많아요. 자신의 전문 분야를 정리하는 내용의, 살아온 지난날을 담아서 책을 내거나 아니면 뚜렷한 방향을 잡지 못한 상태에서 막연히 책을 낸다는 새로운 도전을 해보려는 거죠.

책을 출판하기까지의 과정에 있어서 가장 어려운 점은 '시작'입니다. 하지만 그 길은 사람마다 다르기에 정답이 있는 문제는 아니죠. 명곡이 탄생한 비화를 들을 때 가사를 써놓고 곡을 붙여 만든 노래가 있는가 하면 곡의 선율을 먼저 만들어놓고 마땅한 노랫말을 붙이지 못하다가 어느 순간 제 옷처럼 딱 맞는 가사를 만나는 예도 있잖아요. 어떤 노래는 단 5분 만에 만들어졌다 하고 어떤 노래는 곡을 써놓고 2년 만에 만들어졌다고도 하고요. 책을 쓰는 일도 마찬가지로 어떤 사람은 한 달이면 한 권의 책을 쓸 수 있고 어떤 사람은 몇 년이 지나도록 첫 장을 넘기지 못합니다. 능력의 차이라기보다 그저 경우가 다른 그야말로 케바케 case by case 인 셈이죠.

제가 처음 책을 출판하게 된 과정을 돌아보았어요. 방송을 시작한 지 10년쯤 되었을 때(원래 어설플 때가 제일 눈에 뵈는 것 아니겠습니까? 10년 차 방송인들이 수두룩하게 빽빽한데 어디 감히 명함을 내민다고 말입니다.) '이 정도면 나도 세 아이 키우는 워킹맘으로 매일 라디오 생방송을 하면서 겪는 일들을 책으로 쓸 수 있지 않을까? 나도 할 말 많은데!' 싶었습니다. 지금 생각해보니 아이들 재워놓고 침대 위에 앉아 다리 위에 노트북을 올려놓고 몇 자 끄적였던 기억은 납니다만, 단 한 꼭지도 완성하지 못했어요. 막상 쓰려니 알맹이 내용은 없이 흩어지고 허공에 부서지는 이야기들이더라고요. 밤에 탁상 등을 켜고 침대 위에서 글을 쓰는, 왠지 있어 보이는 한 장면만 연출해봤을 뿐 남는 게 하나도 없더라고요. 그다음엔 방법을 바꿨습니다. 밤이 아닌 낮, 침대가 아닌 책상을 이용했죠. 그렇게 한동안 책상에서뿐만 아니라 소파에서, 식탁에서도 글을 쓰는 나름 멋진 일상을 보냈어요. 그 시간이 참으로 행복한 기억으로 남아 있습니다.

아쉬운 점이 있다면, 그 시절에 먼저 책을 낸 누군가가 방향을 제시해주고 효율적인 방법을 알려주고 자신의 경험담을 들려줬더라면 얼마나 좋았을까 하는 점입니다. 그래서 지금 이 책을 읽고 있는 여러분의 시간이 조금은 덜 허비될 수 있기를 또 마음에도 괜한 초조함이 들지 않기를 바라는 마음으로 책을 완성했던 과정을 정리해봅니다.

(1) 뼈대 잡기–목차 정하기

'내가 담고 싶은 이야기가 무엇인가?' 자신에게 답을 하듯이 제일 먼저 대목차를 통해 큰 그림을 그립니다. 저의 첫 책인 《77년생 엄마 황순유(2018, 씽크스마트)》로 예를 들자면 결혼, 육아, 방송, 학창 시절, 꿈 등 러프하게 큰 틀을 잡고 그 안에 들어갈 세부적인 내용으로 줄을 세웠어요. 구체적으로 설명하자면 제 책의 4장에는 학창 시절을 담았는데 그에 해당하는 소목차에 기억에 남는 학창시절의 추억, 나이가 들어서야 깊은 뜻을 알게된 그때는 잘 알지 못했던 인생의 큰 가르침, 나의 자녀들이 보내고 있는 학창 시절 이야기 등을 배치했습니다. 물론 대목차와 소목차의 제목을 정하는 일도 꽤 많은 신경이 쓰이는 일이지만 우선 대목차와 소목차의 뼈대를 그렸다면 시작으로는 충분합니다. 그런 다음에는 뼈대에 살을 붙이는 과정으로 글을 씁니다.

우리는 보통 여기까지 해놓고는 마치 '나는 책 낼 준비가 다 되었는데 이다음이 막막하네……'라고들 하는데 감히 얘기하자면 '그건 네 생각이고요. 이제 첫걸음을 뗀 것뿐입니다.' 이후에 출판사를 만나고 나면 책의 방향성을 다시 잡을 수도 있고 그에 따른 목차가 달라질 수도 있습니다. "아니, 그럴 거면 뭐 하러 두 번 일합니까? 출판사를 먼저 만나서 기획 회의를 한 후에 글을 쓰면 번거롭지 않을 걸 말입니다."라고 물으신다면 "네, 그렇게 하십시오!".

아마도 이 책을 읽고 있는 여러분은 처음 책을 내고자 하는데 막막한 분들일 거예요. 가만히 있어도 여러 출판사에서 서로 책을 내자고 먼저 연락이 오는 유명인이거나 책 한 권이 나왔다 하면 한 달도 안 되어 바로 2쇄, 3쇄, 중쇄를 찍는 베스트셀러 작가라면 무슨 이유로 지금 이걸 읽고 있겠습니까?

출판사 기획 회의를 통해 다시 뒤집어엎고 새로 뼈대를 잡는 수고로움을 겪더라도 이 과정을 먼저 거치지 않는다면 여러분을 만나줄 출판사는 없을 거예요. 있다고 해도 머릿속에서 맴도는 대로 "이 얘기도 하고 싶고, 저 얘기도 하고 싶고, 아 맞다! 이것도 쓸 수 있어요."라며 중언부언하고 말 겁니다.

'순간의 선택이 10년을 좌우합니다', '사나이 울리는 농심 신라면', '아내는 여자보다 아름답다' 등 기억에 남는 광고 카피들이 있을 겁니다. 같은 품목의 제품이라 해도 임팩트있게 다가오는 문구들이 있지요. 신문 기사에서도 조회 수를 높이기 위해서는 자극적이고 강한 제목을 정하기 마련인데 광고 카피처럼 눈길을 끄는 제목을 정하는 과정 또한 흥미로움만큼의 수고가 뒤따라요. 예를 들어 학창 시절의 이야기를 쓴다면, 시험을 망친 학생들보다 주관식 문제의 답안지를 빈칸으로 제출한 학생들을 더 야단치시던 선생님의 이야기를 담은 목차에서 어떤 제목을 붙일 수 있을까요?

1. 선생님의 말씀

2. 답안지는 빈틈없이!

3. 아무 답이라도 채워 넣을걸⋯.

갖다 붙이자면 여러 경우의 수가 있을 테고 어느 것도 틀리거나 맞은 게 아니죠. 다만 가장 흥미로운 제목을 붙이는 데에는 연습이 필요하고 다른 사람의 의견도 꼭 들어야 합니다. 이렇게 해서 완성된 제 첫 책 4장의 목차는 이렇습니다.

4장. 내가 배워야 할 모든 것은 학교에서 배웠다

113 · 당신의 싸가지는 안녕하십니까

116 · 빈칸을 채워라! 0.00000001%의 확률

118 · 공짜표 달라는 친구는 되지 말자!

120 · 책가방보다 무거워도 포기할 수 없었던 도시락 가방

123 · 아빠, 고마워요! 술 취하지 않는 유전자를 주셔서

126 · 정년퇴직하고도 제자들 챙기라고 나라에서

　　　　연금 주는 겁니다

안타깝게도 이제껏 우리가 해왔던 작업, 그러니까 뼈대를 세우고 살을 붙이고, 제목을 붙였던 나의 자식과도 같은 글들을 이 단계에서 버려야 합니다. 내가 쓴 글의 전체 목차를 가만히 들여다보고 있노라면 어딘가에 불필요한 내용들이 숨어 있어요. 뻔뻔하게도 눈에 바로 띄는 것도 있고 교묘하게 숨어 있기도 하죠. 그리고 불필요한 소목차도 존재해요. 요즘은 PC로 작업하시는 분들이 많아서 아마 컴퓨터 화면을 보며 스크롤을 올리며 목차 점검을 하게 될 텐데요. 저의 경우에는 평소에 무척 아날로그적인 인간이어서 목차 카드를 만들었습니다.

그리고는 대목차 아래 쭉 소목차들을 줄 세웠는데요. 촌스럽지만 그렇게 한눈에 드러나더라고요. 아깝지만 얘는 어쩔 수 없다, 쓰면서도 얘는 내가 버릴 줄 알았다, 싶은 것들? 살릴 생각은 하지도 말고 과감하게 버리세요. 물론 나중에 언젠가는 써먹을 일이 있겠지만요. 여기까지가 책 쓰기의 중간 단계에 이르지 않나 싶습니다. 이후 프롤로그와 에필로그, 저자 소개와 추천

사를 채우는 것도 나름의 고민이 필요하지만, 나중 고민은 나중에 하고 우선 기본적인 글을 써두는 단계까지만 생각하자고요.

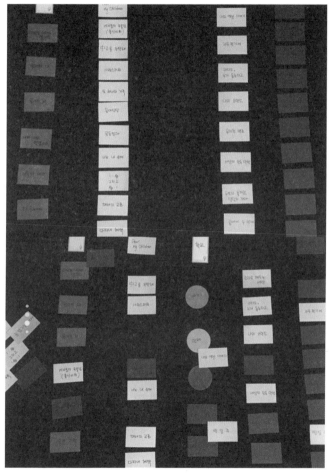

아날로그적인 인간의 목차 정리법

2. 말과 글의 차이는 무엇인가요?

feat. 말빨과 글빨

방송국에 근무하는 직업들 어떤 것들이 있는지 생각해보세요. 프로그램을 연출하는 PD, 구성과 원고를 작성하는 작가 그리고 영상, 음향, 조명 등을 담당하는 기술 감독 이외에 아나운서, 리포터 등의 출연자들이 있습니다.

이 중에 가장 말빨이 센 사람은 누구일까요? 말로 먹고사는 아나운서들의 말빨을 기대할 수 있고, 예능 프로그램에서 나영석 PD가 보여준 인상이 워낙 강하다 보니 PD의 말빨에 배팅을 하는 사람도 있겠죠? 저의 경험으로는 모두 땡!입니다. 방송 스태프 중에 절대 밀리지 않는 말빨을 가진 작가들이 있거든요.

아나운서가 직업인 제가 직접 이런 말을 하는 것이 때로는 자존심이 상하기도 하지만 저의 경험은 그렇습니다. 유려한 말솜씨를 가진 방송인들이 쓴 글에 실망하는 때가 있어요. 심지어 SNS에 올리는 서너 줄의 글조차 무슨 말인지 모르겠고 어수선하게 느껴지는 맥락 없는 글인 경우가 있답니다.

하지만 글을 쓰는 작가들에게 질문을 던졌을 때 답변이 만족스럽지 못한 경우는 거의 없었어요. 물론 언변이 아주 화려하지 않을 수는 있으나 어눌하고 투박한 말투 안에 분명한 알맹이가 있었습니다.

아나운서 지망생들을 가르치면서 제가 늘 하는 말이 있어요. 내용도 없는 화려한 말을 길게 하려 하지 말고 내가 무슨 말을 하고자 하는지를 먼저 글로 적어보라고요. 그렇게 쓴 글을 눈으로 읽어보면 어수선한 말을 제하고 불필요한 부분 제하고 중복된 표현을 제한 후에 남는 글은 얼마 되지 않거든요. 그렇게 다듬어진 후의 완성된 문장이 모여야 글이 됩니다.

개인마다 글을 다듬는 자신만의 방법이 있겠지만 저는 소리 내어 읽는 것을 권합니다. 내가 쓴 글을 소리 내어 읽다 보면 문장의 호흡 단위가 눈으로 읽었을 때와는 전혀 다르다는 걸 알 수 있어요.

이 과정을 거치지 않으면 문장의 내용이 전혀 다르게 전달되기도 하고 때로는 문장의 호흡이 너무 길어 좋은 내용의 글이었다 해도 정확히 내용을 파악하기 어렵거든요.

흔히들 하는 이야기 중에
'말은 곧 그 사람이다.'
'글을 읽으면 그 사람이 보인다.'라고 하지요.

말과 글은 분명 다릅니다. 하지만 다른 점보다는 닮은 점이 훨씬 많아요. 말은 한 번 뱉어지면 주워 담기 힘들고, 글은 한 번 써지면 지우기 힘들어요. 이미 활자화되어 세상에 응애! 하고 나온 책을 무슨 수로 수정하고 주워 담겠습니까. 우리가 평소의 말투와 글솜씨에 신경을 써야 하는 이유이기도 합니다.

말투를 보고 그 사람의 성격을 파악할 수 있는 것처럼 글을 읽으면서 그 사람의 생각이나 가치관을 엿볼 수 있습니다. (물론 전문 분야의 서적이 아닌 에세이의 경우입니다만) 그리하여 저는 따뜻한 말과 다정하고 친절한 글의 힘을 믿습니다. 말하면 이루어지고, 쓰면 이루어집니다.

3. 당신의 글은
어떤 옷차림을 하고 있나요?
feat. 언어의 옷차림

몇 해 전 《언어의 온도》라는 책이 단번에 베스트셀러에 올랐습니다. 방송을 하는 사람으로서 너무나도 뿌듯했죠.

'그래, 말 좀 이쁘게 해라, 같은 말도 넌 왜 그렇게밖에 못하니?' 늘 답답하고 속상하던 차에 가려운 부분을 긁어주는 듯한 시원한 제목. 말과 글에는 한 사람의 온도가 담겨있습니다.

어떤 사람의 말은 냉철한 조언이어도 따뜻하게 들려요. 때로는 그 말이 비수로 가슴에 꽂히는데도 마음이 상하지 않고 진심이 느껴집니다. 반대의 경우도 있죠. 정말 좋은 말, 도움이 되는 말, 따뜻한 말을 건네는데도 묘하게 차가운 느낌. 어떤 마음으로 하는 말인지는 알겠는데, 그래도 서운하고 그래서 상처로 남는 묘한 기분. 언어는 그 사람 자체와도 같아서 온도뿐만 아니라 옷차림도 있지요. 나의 글은 어떤 옷차림을 하고 있을까요?

지금 저의 글을 읽고 계시는 분들, 소리를 내어 그대로 읽어보세요. 책을 읽는 거라기보다 아마 자기 말을 하는 것처럼 느껴지지 않나요?

저는 말을 하는 직업으로 25년 차 방송 생활을 하고 있습니다. 그러다 보니 제가 주로 접하는 글은 읽기 위한 글이라기보다 말을 하기 위한 글이죠. 그래서 SNS에 가볍게 올리는 제 글을 읽으면서도 "순유 씨 목소리가 들리는 것 같아요."라는 댓글을 심심찮게 보는데 그게 장점이든 단점이든 분명한 건 나에게 가장 잘 어울리는 언어의 옷차림이라는 점. 글의 분위기를 가장 크게 결정짓는 요소는 어미 처리일 텐데 '~습니다, ~한다, ~해요.' 등의 다양한 표현으로 나의 글에 가장 잘 어울리는 옷을 입히세요.

잠깐 옆길로 새자면, 본인의 책을 본인이 직접 쓰지 않는 예도 있기는 합니다. 앞에서 들려드린 아빠의 자서전 경우에는 딸인 제가 인터뷰를 통해 글로 작성한 결과물이잖아요.

같은 방법으로 글을 쓰는 방법도 있는데요. 업계에서는 '윤문潤文 작가'라고 부르는데 말 그대로 글을 윤색하게 만들기 위해 어휘와 문장을 매끄럽게 다듬는 작업을 합니다. 당연히 저자 주인공의 의도를 살리는 부분이 제일 중요하죠.

그런데 이 과정에서 저자와 윤문 작가의 결이 맞지 않으면 낭패를 볼 수밖에 없겠죠? 스커트랑 블라우스를 잘 차려입고 친구한테 재킷을 빌려 입는다고 가정해볼게요. 색상이나 옷감이 원래 자신의 것과 비슷한 거면 아무도 모르게 넘어갈 수 있겠지만 누가 봐도 '남의 것으로 얻어 입고 나왔구나!' 하는 생각이 들 수밖에요. 이럴 때는 차라리 대필 작가가 더 나을 수 있습니다.

영어로 고스트라이터 ghost writer 라고 하는 대필 작가는 전문적으로 다른 사람의 자서전이나 글을 대신 써주는 사람입니다. 다른 사람의 이야기를 처음부터 끝까지 자신의 글로 쓰지만, 일반적으로 자신의 이름을 드러낼 수는 없습니다. 아버지를 아버지라 부르지 못하는 홍길동의 심정이랄까요.

하지만 이 또한 전문 영역이지요. 전체적으로는 내 옷을 차려입고 거기에 한두 포인트만 남의 옷을 빌려 입을 거라면 윤문 작가와 작업을 하시고요, 아예 머리부터 발끝까지 남의 옷으로 차려입으려고 한다면 대필 작가와의 작업을 선택하면 좋겠으나 무엇보다 중요한 건 내 언어의 옷차림을 잘 파악하고 표현하는 사람을 선택하는 게 중요해요. 그리고 그보다 더 중요한 건 어설프고 투박한 글일지라도 내 손으로 직접 쓰는 일을 권합니다. 대필 작가가 쓰면 돈이 든 만큼 완성도가 높아질 수는 있지만 공이 든 만큼 애착은 더 크지 않을까요?

4. 출판사가 찾아오기도 하나요?

feat. 귀인을 만나다

세상 모든 일은 혼자 할 수 있는 게 없어요. 정화수 떠 놓고 백날을 빌어도 혼자 해낼 수 없는 일들이 분명 존재하지요. 그러다 귀인이 나타납니다. 꾸준히 글을 쓰고, 꾸준히 책을 내야겠다는 꿈을 포기하지 않는다면 어느새 여러분 앞에는 귀인이 나타나 있을 거예요. 제가 만난 귀인 이야기 들어보실래요?

2018년 12월 30일 일요일 저녁이었어요. 당시 저는 FM 90.7 MHz 경인방송에서 오후 8시~10시 프로그램을 진행하고 있었는데 평일에는 생방송, 주말에는 녹음방송이었죠. 그날도 아마 여느 날의 일요일처럼 바쁘기도, 정신없기도 했을 하루를 보낸 후 제 방송을 들으며 빨래를 개고 있었어요. 녹음방송이니 청취자들이 실시간으로 보내주시는 사연들은 소개할 수가 없고, 지난 한 주 동안 소개하지 못한 노래나 사연이 흐르고 있었죠. 저는 제작진들만 보는 문자 메시지 창을 열어 일요일에도 본방송 사수하고 있는 애청자들의 문자를 읽고 있었습니다.

그 가운데 눈에 띄는 하나의 사연. '쑨D, 지난 2년 동안 일도 참 안 풀리고 너무나 힘든 날들을 보내고 있었는데 얼마 전부터 듣기 시작한 이 방송에서 "내일은 더 잘될 거예요"라고 얘기를 해주니 얼마나 고마운지요. 그 말의 힘으로 1년 버텼습니다. 그동안 조용히 듣기만 했는데 한 해를 정리하면서 오늘은 꼭 감사 인사를 하고 싶었어요. 정말 고맙습니다."

다른 사연들 속에서도 한눈에 들어오는 풋풋하고 진심 어린 마음이 전해져 '오늘이 휴일이 아니었다면 생방송으로 소개했을 텐데…' 하는 아쉬움까지 들었죠. 감사히도 다음 날 생방송을 하는 동안 또 사연을 보내주셔서 실시간 문자를 소개할 수 있었고, 다음 날에도 그다음 날에도 소소한 하루 이야기를 전하는 청취자와 라디오 DJ의 관계는 이어졌습니다.

일주일쯤 지나서였을까요? "쑨D, 오늘 오프닝 멘트 정말 마음에 와닿았어요."를 시작으로 "오늘 오프닝은 제 이야기 같아요. 작가님께 고맙다고 전해주세요." 등 그날그날의 오프닝 멘트에 관심을 가지기 시작하셨죠. 그때까지 제 프로그램의 오프닝 원고를 제가 직접 작성한다는 사실을 청취자들에게는 알리지 않았기에 이분의 사연을 소개할 수도 없고, 그냥 넘어가자니 그분 입장에서는 사연도 소개해주지 않고 무시당하는 기분이 들 것 같아 방송국 문자 발송 시스템을 통해 답장을 보냈습니다.

'해피타임의 오프닝은 DJ인 제가 직접 쓰고 있습니다. 오프닝이 마음에 드셨다니 저도 기분 좋네요.' 깜짝 놀란 그는 그제야 자신은 출판사를 운영하는 대표인데 직접 통화하고 싶다는 의향을 밝히셨어요. 그동안 해피타임을 들으며 힘을 낼 수 있었던 이야기, 이제껏 어떤 책을 출판했는지 등 자기소개가 한참 이어졌고 그다음 단계로 해피타임의 원고는 언제부터 본인이 직접 썼는지, 그 원고는 다 모아뒀는지, 혹시 책으로 낼 생각은 없는지 질문 세례가 쏟아졌어요. 저도 대답했죠. 이제까지는 작가가 있었고, 해피타임 원고는 4~5년 정도 직접 썼으며 모아둔 원고는 2,000개가량 있다고. 그때부터 애청자인 출판사 대표와 라디오 DJ의 책 쓰기 프로젝트가 시작되었습니다.

앞서 말했던 것처럼 이미 다 써놓은 글이 있다고 해도 그건 요리에 있어서 재료가 마련된 것뿐이지 재료를 씻고, 다듬고, 요리에 맞는 용도로 손질하는 작업은 새로 필요하잖아요. 오프닝 모음집을 만드는 과정 역시 그랬습니다. 2,000여 개 가까이 되는 글 중 365개의 글을 골라내는 작업이 제일 첫 번째 순서였어요. 다시 읽어보니 내가 쓴 글인데도 새롭더군요. 어떤 건 오글거리기도 했고, 어떤 건 내가 이렇게 멋진 오프닝을 썼다니! 하며 감탄하기도 했습니다.

그중 가장 큰 생각은 '나 참 열심히 살았구나.' 스스로가 대견했어요. 무언가를 하루도 빠짐없이 매일 한다는 건 쉽지 않은 일임을 알기에 지난 4~5년을 돌아보며 한동안 생각에 잠겨 일이 더디게 진행되기도 했죠. 그렇게 해서 최종적으로 365개의 글에 여분의 10개 정도의 글을 더 보냈습니다.

출판사 대표는 1년 365일의 다이어리처럼 몇 월 며칠 날짜를 펼쳤을 때 하나의 오프닝이 나오도록 기획했어요. 제가 보낸 오프닝 원고 중에 특정 날짜가 꼭 맞아야 하는 원고들, 이를테면 명절이나 크리스마스 같은 기념일을 배치하고 봄·여름·가을·겨울 계절성을 띠는 오프닝 등 적절한 자리를 잡아줬습니다. 출판되기까지의 진행 과정을 세세히 아침마다 알려주셔서 원고를 넘기고 기다리는 저도 하루하루가 재밌었어요. 그리고는 예정했던 날보다 일찍 완성된 디자인의 책이 나왔습니다.

이 밖에도 몇 개의 후보 중에 표지를 선정하는 과정, 책날개에 들어갈 자기소개를 쓰는 시간, 나의 소중한 책에 추천사를

써주실 분들을 떠올리고 연락하는 떨리는 순간 등 하나의 책을
낸다는 건 엄청난 과정이 뒤따릅니다. 글을 쓰다 보니 사람이
온다는 건, 한 사람의 일생이 온다는 '어마어마한 일'이라는
정현종 시인의 말이 오버랩됩니다.

그래요. 한 권의 책이 세상에 나온다는 건 실은 어마어마한 일
입니다. 그리고 그 어마어마한 일은 나의 첫걸음으로 시작되
지만 결국 귀인을 만났을 때 비로소 완성체가 될 수 있다는 걸
절실하게 느꼈답니다. (Too Much Information… 이 책 《AI가 묻고 인
간이 답하다》의 기획자며 공저자인 도서출판 흔들의자의 안호헌 대표님과
는 라디오 청취자와 진행자로 만나 《내일은 더 잘될 거예요》를 출간하고,
이후 《유비백세 有備百歲》와 지금 이 책까지 함께 작업하고 있습니다.)

그래서 책을 낸 후 달라진 게 있느냐고 묻는다면 나의 대답은 이렇다. "그렇기도 하고 안 그렇기도 합니다." 내가 낸 책들이 초대박 히트를 친 것도 아니고 중쇄를 찍은 것도 아니며 베스트셀러에 진입한 것도 아니기에 책을 내고 뭔가 확! 바뀌었다고 말할수는 없다. 하지만 책을 내는 과정에서 하는 수많은 확인 작업을 통해 성장했다는 점은 분명하다.

아빠의 자서전을 통해 묻지 않으면 묻힐 이야기를 들으며 그의인생을 돌아보았고, 《82년생 김지영》으로 세상 모든 여자가 억울함을 호소할 때 《77년생 엄마 황순유》를 통해 나는 '그럼에도불구하고 세상에는 행복한 워킹맘, 행복한 주부들도 많다'는 걸얘기했다. (비겁한 사족을 붙이자면 《82년생 김지영》은 《77년생엄마 황순유》의 존재를 모른다는 것.) 그리고 《유비백세》를 통해 아직은 맞이하지 않았어도 언젠가 누구나 만날 우리 모두에게 다가올 지금보다 훨씬 더 많은 나이를 그려보기도 했다.

세상에 쓸모없는 일은 없다고 했던가? 지금도 잊을만하면 한 번씩 책을 사 들고 와서 "사인해주세요." 하는 걸 보면 신기하기도 하고, 방송과 무대에서 활동하는 내게 새로이 관심을 가진 사람들은 '황순유'라는 사람을 알기 위해 제일 먼저 책을 찾아 읽기도 한다. 그리고 '내일은 더 잘될 거예요' 이 한마디로 새로운 희망을 품고 살아간다는 애정하는 나의 청취자들을 떠올렸을 때 책들의 존재 이유는 분명해진다. 글을 쓰고 싶고, 책을 내고 싶어 하는 당신에게도 우리가 쓴 이 경험담들이 애정 어린 길라잡이가 되기를 바라며.

유지나

2014 신인 문학상 수상 이후 10년 동안 매일 3~4편의 글을 SNS에 쓰고 있고 약 20,000편의 글이 SNS에 공유되고 사랑받고 있다. 삶에서 얻은 지혜와 통찰의 글들을 쓰면서 나를 돌아보고 같이 성장하고픈 마음으로 글을 쓰고 있다. 누군가에게 동기부여가 되어 더 멋진 삶을 살아가길 바라고 인생의 지침서가 될수 있는 글을 하루의 루틴처럼 매일 쓰고 있다. 덕분에 많은 분들의 지지와 성원을 받고있고 여러 글들이 공감과 사랑을 받고있어 늘 감사한 마음으로 글을 쓰고 있다. 그 덕에 SNS 유명작가가 되었고 몇권의 책을 펴내게 되었다. '지필문학', '시가있는 아침', '털어봐 아프지않은 사람있나' 《지나간다 다 지나간다 1 & 2》 베스트셀러 작가로 활동 중이다.

시는 어떻게 쓰나요?

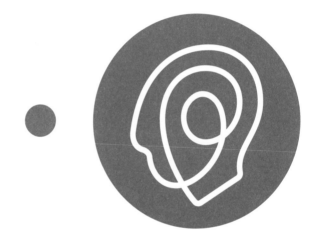

1

시를 쓰는 방법을 알려주세요

시는 단어를 조합해
다듬고 옷을 입혀
세상 밖으로 나와
꽃을 피우는 언어의 유희입니다.

음악가는 악기를 연주하고
화가는 그림을 그리는 것처럼
작가는 단어를 조화롭게 배열하고
다채롭게 조합해 작품을 만들어 내야 합니다.

당신이 시를 쓰는 이유와
어떤 독자층을 대상으로 쓸 것인지를 정하고
그에 부합한 글을 쓰도록 하세요.

당신이 사용하는 단어들을
여러 가지 모양의 블록이라고 생각하고
서로 어울리는 단어를 모아
조화롭게 잘 연결되도록 하세요.

시를 잘 쓰려면
자기 생각을 먼저 써 보십시오.

아무 생각이나 괜찮습니다.
많은 생각들을 정리해서 써 보고
복잡한 생각들을 간결하게 써 보세요.

처음엔 짧은 글부터 시작하고
점차 긴 글을 써 보도록 하세요.

자신의 감정과 느낌과 마음을 쓰는 게 시입니다.

너무 길면 지루하므로
최소한 함축한 내용을 쓰도록 하고
글이 길면 다 읽기도 전에
도중에 그만 읽게 되기에
짧게 요약해서 써본 다음
간결하게 정리하십시오.

글을 읽는 독자 분들이
글에서 그림이 그려지는 듯한 느낌과
내 얘기를 하는듯한 공감을 줄 수 있는
글을 쓰는 것이 좋습니다.

나만의 독창적인 시를 쓰려면
선입견과 편견을 버리는 게 좋습니다.

자신의 감정을 표현하는 것을
두려워하지 않아야
자연스럽고 창의력 있는 글을 쓸 수 있게 됩니다.

글은 명료하고 담백하게 쓰고
거짓이 아닌 진실을 토대로 쓰는 것이 좋습니다.

너무 잘 쓰기 위해 욕심을 부리다 보면
글이 뿌옇게 흐려서 전달력이 떨어지게 되고
뒤엉킨 듯한 복잡한 글을 쓰면
모호한 내용이 되어버리고
시가 색깔을 잃어버리게 되므로
욕심을 부리지 않는 것이 좋습니다.

군더더기 없는 명료한 시는 호감을 주지만
그 안에 깊이가 없고 몰입도가 떨어지는 글은
실망감을 주게 됩니다.

그러므로 단순 명료하되
그 안에 뜻을 담고 있는 글이 좋습니다.

시는 은유. 운율. 비유. 두운. 반복 기법을
적절히 사용해서 쓰도록 하고
기법을 무시하고
자연스럽게 쓰는 것도 괜찮습니다.

독자는 커다란 것 보다
사소한 감동을 주는 글에 끌리고
거창한 내용보다 소박한 글에 마음이 움직입니다.

전달력 있는 글을 쓰려면 자신의 정신과 생각을
자유롭게 풀어갈 수 있는 능력을 키워야 합니다.

단어 구사는
꼭 필요하고 시의 의미를 부각할 수 있는
단어를 신중하게 사용하고
비슷한 단어와 유의어를 적절히 사용하면
글이 흥미로워집니다.

막연하고 추상적인 개념을
명확한 심상으로 그려보고
자기 감각으로 느낄 수 있는 것들을
글로 써보도록 하세요.

마지막 부분에는
가장 강력한 메시지를 남기고 식견을 더해주고
감정적인 반응을 되살릴 만한 문구를 쓰고
여운을 주고 생각할 거리를
남겨주는 게 더 좋습니다.

발상의 전환점이 나만의
특별한 글을 쓰게 만드는 방법이 됩니다.

제 생각을 다듬어 정성껏 글을 쓰고
마음을 다스리며 성실하게 매일 쓰고
진심을 담아 진솔하게
꾸준히 글을 쓰다 보면
좋은 시를 쓰는 사람이 될 것입니다.

2

어떤 시를
써야
할까요?

감동을 주고
감성을 자극해 주는 글을 쓰도록 하십시오.

사람의 눈높이에 맞고
지적이나 감수성 면에서 이해가 되고
공감을 줄 수 있어야 합니다.

자연의 아름다움을 담아 쓰면
편안함을 느끼게 하고
알콩달콩 사랑을 소재로 쓰는 시는
감수성을 자극하게 만듭니다.

사물의 다양성과 생명의 존엄성이
잘 녹아들어 가도록 쓰는 글이 좋습니다.

여러 내용이 아닌
하나의 내용이 조화롭게
잘 어우러지도록 쓰십시오.

좋은 시에는
이해와 공감이 들어있어야 합니다.

나와 대화하는 것처럼 편안함을 주어야
독자분들이 부담이 없고
친구에게 얘기해 주는 것처럼
다정하게 써야 친근감을 줄 수 있습니다.

어떤 대상이 아닌
세상에게 말하는 것처럼
겸손하고 정중하게 쓰는 것도 좋습니다.

독자분들에게
자신과 세상을 사랑할 수 있도록
잔잔한 감동을 전해주는 글을 쓰는 게 좋고
누군가에게 동기부여가 될 수 있는
하나의 파장을 만들어 주어
더 나은 삶을 살아갈 수 있도록
도움을 줄 수 있는 글을 쓰도록 하십시오.

누군가에게 편지를 쓰는 것처럼 쓰거나
일기를 쓰는 것처럼 쓰는 형식도 좋습니다.
상투적인 어구와 과도한 심상은
거부감을 주게 되므로 피하는 게 좋습니다.

글을 쓸 때는 당신의 생각과 느낌을
자연스럽게 표현하는 것이 좋습니다.

자신의 글에 애정을 갖고
자신감을 느끼는 것도 중요한데
그것은 더 좋은 글을 쓸 수 있는 용기를 줍니다.

시는 짧지만
상상력을 자극하고
감수성을 풍요롭게 해줍니다.

인생의 심오한 의미와 삶의 가치를 담아
긍정적인 사고를 유도하는 좋은 글들은
힘든 분들에게 용기와 힘이 되어줍니다.

글을 쓰다 보면 처음엔 어떤 글을 써야 하나
방향을 잡기까지 어려움을 겪게 됩니다.

이런저런 글을 쓰다 보면
어느 날 나에게 잘 맞는 글을 찾을 수 있게 되는데
그러기까지 많은 시간이 필요합니다.

그 과정을 견디고 잘 이겨내야 하는데
힘들다고 포기해 버리면
작가로서의 생명력을 잃게 됩니다.

좋은 작가가 되려면
인내와 끈기를 가지고
내 글을 찾을 수 있을 때까지
꾸준한 글쓰기를 멈추지 말아야 합니다.

누구나 시를 쓸 수 있지만
누구나 사랑받는 작가가 되지는 않습니다.

좋은 시를 쓰려면
끊임없는 관찰을 통해 소재를 찾아야 하고
무한한 상상력을 키워내
영감을 받을 수 있어야 합니다.

확장된 의식으로
눈과 귀와 마음을 열고
글감의 재료들을 쉽게
찾아낼 수 있어야 합니다.

3

편하게
시를 쓰는
방법이
있나요?

자신의 감정에 집중하는 게 중요합니다.
내가 어떤 생각을 하는지 집중하고
내가 어떤 기분인지 들여다보며
나의 마음을 한 자 한 자
간결하게 써보십시오.

내가 느끼고 반응하는 것들을
써보기도 하고
내가 보고 듣고 만지는 것들이 주는
나만의 생각을
하나씩 꺼내 글로 승화시켜 보십시오.

'감정'은
모든 사람이 보편적으로 가지고 있는
감각이므로 내 감정과 다른 사람 감정이
비슷한 게 많습니다.
글감 재료 중에 감정만큼
뛰어난 소재는 없습니다.

시는 어찌 보면
나 자신을 쓰는 거라 할 수 있습니다.

매일 시간을 정해놓고
글을 쓰는 습관을 들이는 게
글을 잘 쓰게 되는 방법입니다.

처음엔 어떻게 써야 할지 몰라
망설여지고 부담스럽고 어려운데
하루하루 꾸준히 쓰다 보면
어제보다
오늘 더 편하게 글을 쓸 수 있게 됩니다.

더불어 글이 조금씩 발전해 간다는 걸
스스로가 느끼게 됩니다.

시작 글은 가볍게 짧은 글부터 써보고
조금 더 발전하면 긴 글을 써보는 게 좋습니다.

글에 맞는 적절한 묘사법은
글을 살리는 데 큰 영향을 끼치는데
직유법 '처럼'과 '같은'은
대상을 비교하는 데 알맞게 사용하면
글의 흐름은 부드럽게 만들어 줍니다.

문장을 더 강조하고 싶고
언어를 더 생동감 있게 표현하고 싶고
그 부분을 흥미롭게 쓰고 싶을 때는
은유법을 사용하면 좋습니다.

시를 편하게 쓰려면
두려움을 버리고 가볍게 쓰는 게 중요합니다.

일상을 통해 글감을 얻어
글을 써보고
여러 시를 읽고 좋은 부분은
머리에 저장해 두었다가
나만의 글로 승화시켜 글을 써보도록 하세요.

시는
자신의 감정을
자신의 시를 통해 밖으로 표현해야 하므로
작가의 직관력이 핵심이 되어야 합니다.
시는 문법이
정확히 맞아야 하는 것은 아닙니다.

자신만의 독창적인 언어를 사용해
토대와 모양과 빛깔을 만들고 향기를 뿌려
좋은 글로 독자분들의 마음에
감동을 전해주도록 하십시오.

완벽하게 쓰려고 하기보다
남들이 읽고 싶은 글을
쉽게 이해할 수 있도록 쓰십시오.

사소한 것 아무거나 써보고
글에 대한 강박증을 버리면
훨씬 글을 쓰기가 편안해질 것입니다.

4

영감은
어떻게
받나요?

시는 언제 어떻게 써질지 모릅니다.
매일 메모지나 노트를 가지고 다니면서
스치는 생각이나 마음을 적어두십시오.
순간순간 느끼는 감정과 아이디어를
그때그때 메모해 두었다가
글을 쓰고 싶을 때 꺼내
유용하게 사용하도록 하십시오.

소재를 구할 때는
최대한 창의적이며 독창적이어야 합니다.
이때 주의할게 너무 자기감정에 몰입해
말도 안 되게 독창적이거나
내용 없이 창의적인 글을 써버리면
그 글은 감정 쓰레기가 될 수 있어
독자분들에게 외면을 받기 쉽습니다.

글의 영감을 얻으려면
같은 것을 보고도 다른 시각으로
바라볼 수 있는 깊이를 가져야 하고
같은 경험을 하고도 다른 느낌을
느낄 수 있는 민감함을 가져야 합니다.
평범함에서 특별한 것을 발견해
글의 소재로 이끌어 갈 수 있어야 합니다.

어떤 것을 접할 때 분석하고 관찰하는 과정에서
영감을 얻기도 하고
크고 작은 경험을 통해
느끼는 감정과 통찰력을 통해
영감을 받기도 하고
다른 사람의 글을 읽을 때나
음악을 들을 때나 영화를 볼 때,
자연을 접할 때 영감이 찾아오기도 합니다.

일상에서 가끔 영혼을 건드리는
반짝이는 순간들이 올 때
그 순간을 포착해 글감으로 사용하십시오.

자기 심장에 파장을 일으키는 그것!
자신의 마음을 자극하는 그것들을 쓰십시오.

어느 날 영혼을 빵 때리는 그것들이
다 글의 영감을 주는 종소리입니다.

어떤 울림을 주거나
상상력을 불러일으키는 것이라면
무엇이든 글의 좋은 재료로 사용하십시오.

어떤 영감은 비를 보다가 눈을 보다가
하늘을 보다가 갑자기 찾아오기도 하고
혼자만의 사색과 고요 속에서 오기도 합니다.
억지로 영감을 얻으려 하면 어렵고 힘이 듭니다.

항상 작가로서의 촉을 켜고
사물을 깊이 있게 바라보면
글감이 보이게 되고
예리한 눈으로 세상을 통찰하다 보면
글감이 들리게 되고
민감한 감수성을 열어두면
글감을 자연스레 만질 수 있게 될 것입니다.

영감은 작가의 잠재의식이 주는
특별한 선물입니다.
그것을 놓치지 않고 잘 포착해
글로 승화시키는 게 매우 중요합니다.

생각만 하고 마음속에 담아두면
금세 사라지고 맙니다.
매일 꾸준히 글을 쓰다 보면
자연스레 글이 나를 쓰게 됩니다.

5

인지도를
높이려면
어떻게
하나요?

저자는 자기의 작품을 브랜딩화 해야 합니다.
작가로서 자신만의 특징과
스타일을 지녀야 합니다.

독자는 작가의 색깔 있는 글을 보고
좋아하거나 책을 사게 됩니다.
작가의 브랜드가
독자들의 신뢰와 인지도를 높여줍니다.

책을 출간하기 전에 자신만의
마케팅과 전략을 구축해 놓아야 합니다.
이름 없고 인지도 없는 작가의 책은
아무리 잘 쓴 글이라도 잘 팔리지 않습니다.

시대에 따라 독자의 취향과 요구도
많아지고 있으므로
그것을 잘 파악해 글을 쓰도록 하십시오.

유행과 충족도도 다양해지고 있으니
시대의 흐름에 맞는 글을 쓰는 게 좋습니다.

자신만의 특별한 글을 쓰기 위해서는
작품의 형식과 내용이 차별화 되어야 합니다.

독자는 개성 없고 매력 없는
흔하디흔한 책을 사 보려 하지 않습니다.

가장 독창적인 게
자기 생각과 마음을 쓰는 것입니다.
깊은 사고와 통찰력을 이용해
개성 있는 글을 쓰는 게 좋습니다.
너무 어렵게 생각하면 두려움이 앞서
아예 시작도 할 수 없게 됩니다.

처음엔
가볍게 생각을 쓰는 것부터 시작하고
느낌과 마음을 적는 것부터 시작해 보십시오.

조금씩 천천히
꾸준한 학습과 개선을 통해
작가로서의 역량을 키워가는 게 중요합니다.

출판시장은
생각보다 경쟁이 치열합니다.
그 안에서 오래도록 살아남기 위해서는
부단한 노력이 필요합니다.
글을 잘 쓰는 것뿐만 아니라
독자와의 소통과 관계 구축에 힘을 써야 합니다.

독자는 작가와 연결망을 원하고
공유하고 소통하기를 바랍니다.
그러므로 꾸준한 미디어나 온라인 SNS를
통해 독자분들과 상호작용을 이어가는 게
정말 중요합니다.

그 과정을 통해 명성과
팬 확보를 늘려갈 수 있게 되고
이런저런 반응을 보고 느끼며
개선할 건 개선하고 보충할 건 보충해서
독자의 요구에 부응하는 글을 쓸 수 있게 됩니다.

자기 작품이 어떤 독자에게
맞추어 쓸지를 신중히 정하고
그 특정 독자층을 타깃으로 잡고
독자층에 알맞은 글을 쓰는 게 중요합니다.

진정성을 담아 좋은 글을 쓰게 되면
팬층이 점점 늘어가게 되고
작가로서의 인지도도 높아지게 됩니다.

작품의 출간은 시작에 불과합니다.
진짜는 출간된 이후부터입니다.

자신의 책을 대중에게 가치와 장점을 알려주고
구매로 이어지도록 유도해야 합니다.
작품을 홍보하고 관심을 유발하고
계속해서 마케팅하며 팔리도록 노력해야 합니다.

책이 잊히면
작가도 잊히게 되므로
자신의 책을 널리 알리는 것은
매우 중요한 부분입니다.

6

잊히지
않으려면
어떻게
하나요?

요즘은
스마트폰 없이 생활할 수 없는 시대입니다.
많은 사람이 소셜미디어를
가입하고 거의 온종일 SNS를 하며
하루를 지낸다고 해도 과언이 아닙니다.

오래도록 잊히지 않으려면
소셜네트워크 미디어를 활용하는 것이
가장 좋습니다.

이젠 골방에서 고독하게 혼자 글을 쓰는
남루한 시대는 끝난 것 같습니다.

트위터나 블로그, 카카오톡 스토리,
인스타그램 페이스북, 유튜브 등
글을 올릴 수 있는 채널은 넘쳐납니다.

그것들을 적절히 이용해
자신의 글을 올리고 글의 반응도 보고
어떤 글을 독자분들이 좋아해 주는지
냉철하게 가늠할 수 있어야 합니다.

때론 크고 작은 피드백도
얻을 수 있는 좋은 방법이 됩니다.

SNS는 생각보다 많은 사람이 이용하고 있습니다.
당신이 글을 꾸준히 올리게 되면
당신의 글을 좋아해 주는 사람들이
한 명씩 두 명씩 늘어나게 될 것입니다.

처음엔 욕심 없는 마음으로
글을 쓰고 올리는 게 좋습니다.

왜 팔로우가 늘지 않나 걱정하다 보면
실망하고 지치게 되는 경우가 많습니다.

누구나 처음엔 한 명의 팬부터 시작합니다.
한 방울 두 방울 낙숫물이 바위를
결국 뚫는 것처럼
하루하루 꾸준히 글을 쓰고
올리는 일을 멈추지 말아야 합니다.
그러다 보면 글도 늘고
당신의 글을 좋아하는 팬도 늘어갑니다.

처음엔 글을 쓰는 게 어려워
머리를 짜내고 고심하며 힘들어하는데
누구나 겪는 과정이니
포기하지 마시길 바랍니다.

글을 꾸준히 쓰다 보면
처음엔 내가 글을 쓰고 있지만
나중엔 글이 나를 쓰고 있구나 하는
느낌이 들게 되는 순간이 오게 됩니다.
그 정도까지 도착하게 되면
당신은 이제 글쟁이가 다 된 것입니다.

제 경우도 거의 10년 동안
매일 하루에 3~4편의 글을 쓰고
하루도 빠짐없이 SNS에
글을 올리고 있습니다.

그러다 보니 한 명이 백 명 되고
백 명이 천 명 되고
나중엔 몇만 명
지금은 몇십만 명이 되었습니다.

처음엔
큰 욕심 없이 글을 쓰기 시작했습니다.
재능 기부한다는 좋은 마음으로
매일 즐거운 마음으로 글을 쓰기 시작했습니다.

누군가 내 글을 읽고
작은 위로라도 받기를 원하는 마음으로

지친 누군가에게
작은 희망이라도 주기를 바라는 마음으로

어려운 누군가에게
작은 도움이라도 줄 수 있는 마음으로

힘든 누군가에게
다시 살아갈 용기를 주고 싶은 마음으로

글을 쓰고 올리다 보니
많은 분이 좋아해 주었고
나의 인지도가 높아져 가는
낙수효과를 덤으로 얻게 된 것 같습니다.

무엇보다도 지치지 않고
계속 글을 쓰려면 즐거운 마음으로 글을 쓰고
행복한 마음으로 글을 쓰는 게 중요합니다.

마치 하루에 밥을 먹고 자는 것처럼
생활이 되고 습관이 되어야 하고
하루에 꼭 해야 하는
하나의 루틴이 되어야 합니다.

그렇게 지내다 보면
글을 쓰지 않으면 안 되는 경지에 이르게 됩니다.
눈에 보이지 않으면 점점 잊히고
귀에 들리지 않으면 점차 지워지고
손에 잡히지 않으면
급기야 사라지고 맙니다.

그렇게 되지 않으려면
SNS를 잘 이용하고 활용하여
잊히지 않는 작가가 되도록 해야 합니다.

오래도록 사랑받는 좋은 작가가 되기를
진심으로 바랍니다.

7

투고하는
방법을
알려주세요

원고 투고는 저자가 기획출판을 하기 위해
출판사에 출판기획서와 원고를 보내
출간을 제안하는 것을 말합니다.

원고 투고로 책이 만들어지는 경우는
통상적으로 1%로 미만이라고 합니다.

출판사마다 매년 백에서 오백 개 정도의
투고가 들어오는데
그중 한두 개 될까 말까라고 합니다.

그도 그럴 것이
출판사 처지를 생각해볼 때
출판해서 수입이 창출되어야 하는데
전혀 가능성이 없어 보이는 원고에
무리수를 두고 투자하지 않는다는 것입니다.

그렇다고 너무 낙심할 필요는 없습니다.
여러 출판사에 투고를 하다 보면
내 책과 가장 잘 맞는 곳에서
연락이 오기 때문입니다.

많은 분이 대형 출판사와 소형 출판사 중
어디에 투고해야 하는지 궁금해 하십니다.

대형 출판사와 소형 출판사마다
장단점이 있습니다.
대형 출판사에서 책을 내면
작가의 브랜드 효과가 있고
홍보 면에서도 도움을 받을 수 있고
네트워크와 자본을 통해 책이 성공할 수 있도록
큰 지원을 해 주게 됩니다,
그렇다고 다 베스트셀러 작가가 되는 건 아닙니다,

대형 출판사에서는 인지도 없는 작가의
책을 쉽게 만들어 주지 않는다는 단점이 있고
책이 많으므로 집중적으로 관심을
가져주지는 않습니다.

소형 출판사는
책이 대량이 아니므로 내 책에 신경을 많이 써주고
전폭적인 지지와 지원을 받을 수 있습니다.

내 책이 출판사에서 주인공이 되는 것입니다.
단점은 인지도가 없으면
책이 잘 팔리지 않는다는 것입니다.

작은 출판사라고 베스트셀러를
만들지 못하는 것은 아닙니다.

출판사도 중요하지만
작가의 인지도와 글의 질이
그 책의 생명력을 결정하는 것 같고
베스트셀러가 되느냐 못 되느냐를
좌우하는 것 같습니다.

초보 저자의 경우 대형 출판사와
소형 출판사를 가릴 처지가 못 되므로
최대한 많은 출판사에 원고를 투고하고
제시한 조건이나 관심도와
가능성을 잘 따져보고
최종적으로 결정하는 게 좋습니다.

투고 방법은
출판사에 따라 이메일로 보내기도 하고
우편이나 홈페이지에 제출하기도 합니다.

출판사 홈페이지에 들어가 보면
투고 방법이 제시되어 있고
그 출판사에서 펴낸 책 판권지를 보면
투고 이메일 주소가 있습니다

주의할 점은 출판사마다
책을 펴내는 종류가 다 다른데
'지식 책'만 펴내는 출판사에
'시 원고'를 투고하면 채택이 될 수 없고
시나 에세이만 주로 펴내는 출판사에
요리책이나 문제집 같은 원고를 투고하면
채택되지 않는 것입니다.

그러니 어떤 출판사에서
어떤 책을 펴내는지 자세히 살펴보고
내 글과 같은 비슷한 책을 펴낸 출판사에
투고를 하는 것이 가장 바람직합니다.

한꺼번에 너무 많은 출판사에 투고하면
본인도 헷갈리고
많은 곳에서 제안이 들어오면
충분히 검토하기가 어려워집니다.

그러니 천천히 원고를 투고해 가면서
반응을 살피고
기획서나 원고를 수정해 나가며
투고를 진행하면 성공 확률을 높일 수 있습니다.

처음부터 기획출판에 성공하는 건 행운입니다.
실패했다고 해서 포기하지 말고
기획서를 고치고 원고를 수정하여
다시 도전하기를 바랍니다.

기획출판에 실패했다면
자비출판으로 출판하는 방법도 있습니다.
자비출판으로 베스트셀러가 되는 경우도
생각보다 많으므로 도전해 봐도 좋겠습니다.

이호경

어릴 적 꿈이었던 초등 교사가 되어 2002년부터 22년째 아이들을 가르치며 살고 있다. 평생 배우고 가르치는 삶을 지향하며, 꿈꾸고 성장하고 나누는 것을 행복이라고 생각하기에 스스로 행복한 꿈쟁이라 부른다. 마흔에 접어들어 삶을 진지하게 돌아본 후 더 많이 배우고 기록하며 후회 없이 사는 기쁨으로 지낸다. 내향적인 사춘기 아들을 둔 엄마이자 20여 년간 초등 교사로서 겪었던 이야기, 삶을 통해 깨달은 바를 남기고자 브런치 작가가 되어 글을 쓴다. 자신과 아이들을 위해 시작했던 마음공부의 깊이가 더해져 현직에 있는 여러 선생님과 함께 연구하고 자료를 제작 중이다. 현재와 미래를 고민하는 독자들에게 마음에 와닿는 위로와 희망을 건네는 작가가 되기 바란다. 공저로 《아니 이거詩》, 《유비백세》를 펴냈다.

책 쓰기,
아직도 망설이나요?

1. 책 쓰는 게 두려워요

직무연수에서 만난 선생님들과 마음공부를 한 지 3년이 되어 간다. 모임 리더 송주미 선생님이 《교사를 위한 회복적 생활》을 출간했다. 올해 원격연수 의뢰를 받아 자료를 제작하는데 출연 자가 몇 명 필요하다고 하셨다. 그동안 마음공부 할 때 도움을 많이 받았기에 기여하고 싶어 참여하기로 했다. 관객처럼 앉아 호응만 하면 되는 줄 알았는데 예상치 못한 일이 벌어졌다. 계획 이 바뀌어 시연을 하거나 말하는 모습까지 여러 장면 촬영하게 되었다. 당황스러웠지만 되돌리기에는 이미 늦었다. 사전 협의 후 시나리오를 수정하고 반복해 읽으며 전날 밤까지 외웠다.

촬영 당일 양재동 한 빌딩 10층에 도착했다. 스튜디오는 생각보 다 크지 않았다. 환한 방송용 조명판, 3대의 카메라와 프롬프터(대사 반사경), 다양한 테이블과 의자가 놓여 있었다. 강사님, 함께 촬영하는 선생님, 업무관련자, 촬영팀까지 8명이 모였다. 낯선 장소와 새로운 일을 마주하니 몽롱해졌다. 정신을 차리고 대기실에서 또 연습했다. 내 순서가 되자 심장은 쿵쾅대기 시작했고 입이 바짝바짝 말랐다. 카메라 앞에 서니 그렇게 외웠던 대사까지 꼬였다. 촬영하는 2시간이 어떻게 갔는지 모르겠다.

촬영 이후 참여자들과 이야기를 나누었다. 모두 초·중·고등학교 교사로 평균 경력은 20년이 넘는다. 매일 아이들이나 다른 사람 앞에 서서 말하는 사람들이다. 그런데도 잠을 설치거나 스튜디오가 있는 층까지 가는 것이 떨려 엘리베이터 앞에서 머무르고, 체할 것 같아 식사를 못했다. 정도 차이는 있겠으나 하나같이 두려움을 느꼈다. 두려움은 사람 본성의 감정으로 생존을 위해 필요하지만, 과도할 경우 스트레스를 일으키고 때론 고통을 주기도 한다. 막상 해보니 그렇게 떨 일이 아니었고 더 자신 있게 하지 못해 후회되었다. 다음에 어떻게 하면 좋은지 개선 방법을 찾았다. 이렇듯 두려운 순간 한 발 더 내디딘 사람만이 서는 성장의 발판이 있다.

책을 쓰겠다고 마음먹는 동시에 두려움이 스멀스멀 올라오기 시작한다. 누구나 느낄법한 책 쓰기의 두려움에는 세 가지가 있다. 두렵다는 감정을 받아들이고 하나씩 짚어가면서 극복할 때 비로소 희망의 떨림, 설렘을 느낄 수 있다.

두려움은 우리를 묶어두지만, 희망은 우리를 자유롭게 한다.

앙투안 드 생텍쥐페리, 《어린 왕자》

실패에 대한 두려움

책 쓰기는 오랜 시간과 노력이 필요한 작업이다. 아무리 열심히 준비하고 노력해도, 실패할 수 있다는 두려움을 느끼는 것은 자연스러운 현상이다. 실패에 대한 두려움은 책을 쓰기 시작하지 못하는 가장 큰 원인 중 하나다.

책 쓰기와 관련한 실패는 크게 두 가지다. 출간 실패와 목표 달성 실패다. 오랜 시간을 들여 좋은 원고를 썼다 해도 출간으로 직행하기란 어렵다. 《해리포터》조차 2년간 12개 출판사에서 출간을 거절당했다. 어린이들이 읽기에 길다, 음울하다는 등의 이유였다. 여러 번 거절당해 의욕이 사그라들지만, 실패에서 하나는 배운다는 마음으로 출간 거절 원인을 분석한다. 피드백을 열심히 참고하며 출판사별 성향을 알고, 작품을 읽는 다른 관점을 배운다. 투고 메일 쓰기 실력을 늘리는 기회로 삼아도 좋겠다.

책을 출간하더라도 출간을 통해 이루고자 했던 목표를 달성하지 못할 때도 많다. 많은 사람에게 자기 생각을 전달하고 싶었지만, 책이 별다른 반향을 일으키지 못하기도 한다. 책을 통해 수익을 내고 싶었지만, 책의 판매량이 저조한 경우도 이에 해당한다. 첫술에 배부르길 바라는 작가가 몇이나 될까 싶다.

최근 팬으로 응원하며 음악 오디션 프로그램 '싱어게인' 전편을 봤다. 이미 자신의 곡을 한 번쯤 발표한 그들이지만 길게는 십수 년 동안 무명 가수로 지낸다. 작가도 마찬가지다. 2022년에 《말 안 하면 노는 줄 알아요》 이지니 작가 줌 강연을 들었다. 이 책은 10번째 작품으로 2016년부터 전자책 포함해 매년 1~2권의 책을 썼다고 한다. 유명해지니 전작인 《무명작가지만 글쓰기로 먹고 삽니다》까지 판매부수가 늘어났다며 책은 꾸준히 내고 볼 일이라고 했다. 장강명 작가의 '다음에 발표할 작품이 이전 작품에 대한 홍보 도구도 된다.'는 표현이 기억나게 하는 대목이다. 출간하기 전까지 성공할지 아닐지 아는 방법은 없다.

비판에 대한 두려움

책을 출간하여 공개적으로 비판을 받을 수 있다는 두려움을 느끼는 것도 당연하다. 비판에 대한 두려움은 자신감을 떨어뜨리고 책 쓰기를 포기하게 만들기도 한다. 하지만 두려움에 사로잡혀 포기한다면, 꿈을 이루지 못한다. 내게는 실패보다 비판에 대한 두려움이 더 크게 작용하지만 꿈을 포기하고 싶지는 않았다.

비판을 건설적으로 받아들이는 것은 성숙함의 표시다.
로이 T. 베넷

자기 안의 비판에 대한 두려움을 조심스럽게 꺼내어 마주하고 두려움 너머 세상으로 가보자. 다른 사람에게 비판받는 것을 민감하게 받아들이고 유독 더 싫어하는 사람들은 몇 가지 특징을 보인다. 자기가 그렇다면 두려움 이면의 욕구를 찾아 극복하려는 노력이 필요하다.

▶ 낮은 자존감: 자신감과 자존감이 낮아서 자신이 무가치하거나 무능하다고 느끼면서 자신을 부정적으로 생각한다.

▶ 과도한 책임감: 행동이나 결정의 책임을 지나치게 느껴 느끼며, 비판을 받으면 자신의 잘못이라고 생각한다.

▶ 다른 사람의 평가에 대한 과도한 의존: 다른 사람들의 평가와 인정을 과도하게 필요로 하며 비판을 받으면 이를 개인적으로 받아들인다.

▶ 예민한 성격: 지나치게 예민하게 반응하며 피드백을 인신공격으로 해석하여 방어 또는 위축으로 이어질 수 있기에 관계를 긴장시킨다.

▶ 회피적 태도: 직면하고 대처하는 대신 회피한다. 도전이나 새로운 경험의 회피로 이어질 수 있으며 개인의 성장과 발전을 방해한다.

▶ 완벽주의자: 완벽하지 않으면 실패한 것으로 여긴다. 비현실적인 기준을 충족하려고 노력하기 때문에 불안하고 완벽주의를 부추긴다.

2015년 《미움받을 용기》를 통해 알프레드 아들러 심리학은 인간의 행동과 심리를 이해하는 데 큰 영향을 미쳤다. 책에서 인간은 타인에게 인정받기 위해 노력하는 존재라고 주장한다. 하지만 인정욕구를 지나치게 추구하다 보면, 타인의 눈치를 보며 자신의 진정한 모습을 숨기게 된다. 결국 자유롭고 행복한 삶을 살 수 없게 되기에 때로 미움받을 용기가 필요하다.

작가들의 책 쓰기 관련 저서나 독자와의 Q&A 영상에 독자들의 비판이나 악플을 극복하기 위한 방법이 나온다. 그때마다 유심히 보고 듣곤 하는데 공통된 몇 가지 방법이 있다.

1. 비판받을 준비하기

글을 쓰기 시작하기 전에 비판을 받을 준비를 하는 것도 도움이 된다고 한다. 친절과 이해심으로 자신을 대하며 모든 사람은 실수하고 완벽하지 않기에 비판을 받을 수 있다는 사실을 인정한다.

2. 비판을 개인적인 공격으로 받아들이지 않기

독자들의 비판은 글에 대한 평가지 작가에 대한 평가가 아니다. 비판을 개인적인 공격으로 받아들이지 않는다. 간혹 비판이 아닌 비난을 하는 독자들도 있다. 김종원 작가의 조언에 의하면 초반에는 왕성하게 활동하지만 결국 그들의 에너지가 다하면 스스로 사라진다고 한다. '글은 쓴 사람의 인격을 반영하지만 인격 그 자체는 아니다'라는 유시민 작가의 말이 마음을 한결 편하게 만든다.

3. 비판을 객관적으로 받아들이기

독자들의 비판은 성장하고 학습할 좋은 기회다. 비판을 객관적으로 받아들여 자신의 글의 장단점을 파악하고 개선하기 위한 노력에 집중한다. 글이 좋으면 수준 있는 비판을 받는다고 한다. 댓글을 주의 깊게 읽고 반영해서 글을 고치면 글이 는다.

자신감 부족

책을 쓰는 능력이 충분하지 않다는 것도 책 쓰기에 대한 두려움의 한 원인이다. 자신감 부족은 시작과 진행하는 과정에 어려움을 겪게 만든다.

준비나 연습이 부족한 상황에서 결과물을 내야 할 때가 있다. 다른 사람들이 알아채든 못 알아채든 스스로 부끄러워 움츠러든다. 칭찬을 받는다고 해도 기쁠 수 없는 이유는 최선을 다하지 못했기 때문이며, 자신의 부족함을 잘 알기 때문이다.

주위에 책을 출간한 교사가 여러 명 있다. 교직 안에도 다양한 분야가 존재하고 배움과 나눔을 꾸준히 한 교사들에게 책을 출간할 기회가 생기기 때문이다. 나의 두 번째 책은 《유비백세》로 전문직에 종사하는 공동 저자의 에세이라 내가 먼저 말하지 않는 한 출간한 사실을 알 수 없다. 글쓰기 모임이나 전문적 학습 공동체의 선생님들에게는 말했지만 가까운 지인에게는 차마 이야기하지 못했다. 그들에게 비판받지 않을 거란 사실을 잘 알고 있는데 왜 말을 하지 못했을까? 자신감 부족이다. 다른 작가들의 글은 얼마든지 자랑스럽게 보여줄 수 있지만 내 부족함을 드러내는 용기가 없었던 탓이다.

자신감을 채우기 위해서는 모두가 알다시피 기본에 충실해야 한다.

1. 책을 읽는다.

독서는 책 쓰기에 필요한 지식과 정보를 얻는 가장 좋은 방법 중 한 가지다. 다양한 분야의 책을 읽으면서 자신의 관심 분야를 확장하고, 글쓰기의 기술을 향상할 수 있다. 다른 작가들의 글을 읽으면서 책 쓰기에 대한 영감을 얻을 수 있다. 자신이 추구하는 문체를 발견할 수도 있다. 책을 쓰게 되면 자신의 부족함을 깨닫게 되어 평소보다 많은 양의 책을 읽게 되는 것도 큰 장점이다.

2. 평소 글쓰기 연습을 꾸준히 한다.

어떤 주제든 다양한 종류로 매일 일정량의 글을 쓰는 것은 중요하다. 연습을 통해 글쓰기 속도와 완성도를 높일 수 있다. 또한, 글쓰기 연습을 통해 자신의 글쓰기 스타일이나 문체를 개발할 수 있다. 물론 매일 글을 쓰는 게 쉽지 않다. 아주 작은 목표부터 시작하는 것을 추천한다. 강원국 작가의 말처럼 원고지 1장부터 시작해도 좋다.

3. 다른 사람들과 글을 공유한다.

다른 사람들과 글을 공유하는 것은 자신의 글을 평가받고,

피드백을 받는 좋은 기회다. 글쓰기 모임에 참여하거나, 온라인 커뮤니티에 글을 올리는 등 다양한 방법으로 자신의 글을 공유할 수 있다. 다른 사람들의 피드백을 통해 자기 글의 장점과 개선할 부분을 파악할 수 있으며, 글쓰기 실력을 쌓을 수 있다. 책을 출간하기 전에 받는 피드백은 잠재적인 독자들이 내게 주는 선물이다.

책 쓰기에 대한 두려움을 극복하기 위해서는 두려움의 근원을 이해하고, 두려움에 맞서 싸우는 방법을 배우는 것이 필요하다. 실패와 비판에 대한 두려움을 극복하기 위해서는 우선 수용해야 한다. 실패와 비판을 통해 배우고 성장하려는 자세를 가지는 것이 중요하다. 자신감 부족을 극복하기 위해서는 글쓰기 능력을 향상하기 위해 노력해야 한다.

두려움은 뒤로 돌아가는 것이 아니라
앞으로 나아가는 것으로 극복됩니다.

오프라 윈프리

2. 책을 쓰면 삶에 어떤 도움이 되나요?
feat. 책 쓰기가 당신 삶에 미치는 긍정적인 영향 5가지

책 쓰면 뭐가 나오나?

40여 년을 살면서 이전까지 작가가 되고 싶다는 꿈을 가진 적은 없었다. 작가는 타고난 사람들만 할 수 있는 일이라고 여겼다. 이과 성향으로 수학 개념, 과학 원리를 다루거나 논리의 정연함을 좋아하는 나와는 맞지 않다고 편협하게 생각했다. 초등교사로 20여 년, 엄마로 16년을 살다 보니 인문학을 빼놓고는 생각할 수도 살 수도 없었다. 사람 때문에 희로애락이 생기고 사람과의 기억으로 삶이 채워진다는 걸 알았다.

아이들과 함께하며 가르치고 배우는 것은 일상이었기에 경험과 깨달음을 딱히 글로 남기지 않았다. 이제야 떠올리니 대부분은 휘발되고 기억 저편에 희미하게 남아 허전하고 씁쓸했다. 열심히 생각하고 치열하게 살았는데, 무얼 하며 어떻게 살았고 남은 것이 무엇이냐는 나의 물음에 고개를 떨굴 수밖에 없었다.

한 분야에서 일만 시간을 투자하면 전문가가 된다는 일만 시간의 법칙이 있다. 꿈과 삶의 터전에서 최소 하루 5시간씩 수업일 수만 해도 220일, 20년 이상 내 모든 것을 쏟아부었다. 대충 계산해도 이만 시간이 훌쩍 넘는다. 전문가로서 인정받고 성취감과 만족감을 느껴야 하는데 그렇지 않았다. 엄마로도 대충 살지 않았는데 무엇이 잘못되었는지 모르겠고 공허함이 몰려왔다. 고민을 하던 중에 《유비백세》라는 책을 공동 저자로 출간하게 되었다. 사람들이 잘 모르는 책 한 권을 썼을 뿐이지만 희망을 주는 작가가 되어 평생 글을 쓰고 책도 꾸준히 내고 싶어졌다.

> 창작이 곧 삶이라고는 할 수 없지만
> 때로는 창작이 삶을 되찾는 방법이다.
>
> 스티븐 킹

"책을 쓰면 뭐가 좋냐, 뭐가 나오냐?"는 질문에 적어도 다섯 가지는 확실하게 말할 수 있다.

책 쓰기는 새로운 도전이자 자기 성장의 기회를 제공한다. 로크의 목표 설정 이론에 따르면 목표를 설정하고 달성하기 위해 열심히 노력하는 자체로 내재적 동기가 될 수 있다. 목표를 위해 노력하는 과정은 결단력, 탄력성, 개인적 성장에 대한 열망을 불러일으켜 본질적으로 동기를 부여한다. 누구나 고되고 지루한 틀에 박힌 삶을 사는 시기를 지난다. 책을 쓰는 것은 나의 안전지대를 벗어나는 것이다. 익숙하지 않은 시도는 두려울 수 있지만 그렇기에 흥미롭다.

책 쓰기는 성찰적이고 사려 깊은 활동이다. 글쓰기를 통해 나에게 정말로 중요한 것이 무엇인지에 대한 관점을 얻게 된다. 책 쓰기 첫 단계인 초고는 퇴고 과정을 거쳐 책에 거의 남아 있지 않지만 큰 자산이다. 나에 대해 깊게 생각할 기회를 준다. 내 생각, 가치, 동기와 깊이 만났다가 하나씩 털어내며 비로소 책을 완성하게 된다.

나는 내가 무엇을 생각하고 있는지, 무엇을 보고 있는지,
그리고 그것이 무엇을 의미하는지 알아보기 위해 글을 씁니다.
존 디디온

책 쓰기는 창의성을 발휘하고, 실패와 성공을 경험하며 성취감을 느낄 수 있는 과정이다. 책을 쓰는 것은 마치 창의성과 규칙

의 미로를 탐색하는 것과 비슷하다. 단어마다 의미와 감정, 목적을 전달해야 하므로 완벽을 추구하면서도 자기 의심과 싸워야 하기에 어렵다. 하지만 완성된 책을 보면 큰 성취감과 만족감을 느낄 수 있다. 좋은 글은 독자와 연결된다. 의미 있는 책을 만들고 메시지가 공감을 얻으면, 독자의 세상은 조금이라도 바뀔 수 있다. 내 책이 그들의 생각이나 인생에 영향을 끼쳤다는 말을 듣는 것보다 작가로서 더 보람찬 일이 있을까?

집중적인 지식 습득

책을 쓰기 위해서는 주제를 정하고 기획을 마친 후에, 바로 자료 수집을 시작해야 한다. 대부분 작가는 2~3주 동안 해당 주제와 관련된 많은 자료를 수집하여 목차를 작성한다. 또한 책을 쓰는 내내 지식 습득 과정이 필요하다.

지식을 집중적으로 습득하기 위해 다음 단계를 추천한다.
1. 조사: 서적, 학술 저널, 신뢰할 수 있는 웹사이트 등 평판이 좋은 출처를 사용하여 주제를 철저하게 조사한다. 메모하고 정보를 체계적으로 정리한다.
2. 인터뷰 및 관찰: 통찰력과 관점을 얻기 위해 전문가나 관련 경험이 있는 개인과 인터뷰를 하거나 자료를 찾아본다. 책의 주제와 관련된 실제 상황이나 설정을 관찰하여 진정성을

더한다.

3. 지속적인 학습: 워크숍, 세미나 또는 온라인 강좌에 참석하여 해당 분야의 최신 개발 및 동향에 대한 최신 정보를 받아본다. 지속적인 학습을 통해 전문성이 향상되고 글쓰기가 풍부해진다.

4. 실험: 다양한 글쓰기 스타일, 구조, 형식을 실험한다. 다양한 접근 방식을 탐색하면 창의성을 촉발하고 독특한 통찰력을 얻을 수 있다.

5. 피드백 및 수정: 진행 중인 작업을 신뢰할 수 있는 동료, 멘토 또는 저작 그룹과 공유하여 건설적인 피드백을 받는다. 이 피드백을 사용하여 아이디어를 다듬고 글쓰기를 개선한다.

모든 자료를 다 볼 수는 없지만, 쓰고자 하는 방향과 반대 방향의 자료도 본다. 이렇게 하면 편향되지 않은 지식을 얻을 수 있다. 주제와 관련된 책을 쓰는 것은 항상 더 많은 학습을 제공한다. 자기 생각을 구체화하고 주제에 대한 이해를 넓히는 데 도움이 된다. 이를 통해 오류가 없고 독자에게 도움이 되는 글을 쓸 수 있으며 작가로서 신뢰를 얻는다. 책 쓰기는 지독한 두통을 동반하는 지적 성장의 과정이다. 이 과정에서 작가는 또 다른 책 아이디어를 개발하고 지식의 공백을 메우며 배움의 열정을 얻을 수 있다.

많은 사람이 책을 읽으며 긴장을 풀고, 글을 쓰며 위안을 얻는다.

> 우리가 힘을 얻는 곳은
> 언제나 글 쓰는 행위 자체에 있다.
>
> 나탈리 골드버그

책을 읽거나 글을 쓰는 동안 소셜 미디어와 같은 방해 요소를 차단할 수 있고 일시적으로 스트레스에서 벗어날 수 있다. 집에서든 카페에서든 글을 쓰면서 편안함을 느끼며, 다양한 환경 속에서 휴식과 집중을 최적화한다.

독서를 통해 다양한 아이디어를 얻는다면, 책을 쓰면 생각을 정리하고 감정을 이해하며 자아를 발견하는 만족감을 얻을 수 있다. 글을 통해 감정을 표현하는 것은 성찰, 정화, 정서적 안정을 활성화한다. 자기 경험과 이야기를 풀어내면서 자신을 돌아보고 가치관과 목표를 탐구하는 기쁨을 맛본다.

책 쓰기는 창의적인 표현의 출구다. 또한 생각의 변화를 일으켜 내면을 치유하는 기능을 한다. 서술적인 글쓰기는 심리의 깊은 곳으로 파고들어 복잡성을 해소하고 가치와 열망을 탐색한다. 때로는 현실을 초월하여 무한한 상상력과 가능성을 탐구한다.

권위와 유산

강원국 작가는 투명 인간으로 살지 않으려면 내 글을 써야 한다고 했다. 책 쓰기는 단지 허영심 가득한 목표가 아니라는 것이다. 작가는 유일한 이익을 얻는 사람이 아닐 수 있으며, 더 많은 사람에게 다가갈수록 더 많은 선한 영향력을 미칠 수 있다. 유익한 정보를 세상과 공유하면서 권위를 높일 수 있다면 나쁠 게 없다.

작가가 되면 선택한 분야에서 신뢰성과 권위를 확립하고, 지속적인 유산을 남길 수 있다. 책 쓰기의 가장 큰 매력 중 하나는 자동으로 권위가 상승하는 것이다. 동료, 미디어, 잠재 고객으로부터 관심과 인정을 받을 수 있으며 전문가로서 지위가 더욱 공고히 되고 인식된 권위를 갖는다.

책을 쓰면 새로운 문이 열릴 수 있다. 특히 비즈니스 관련 서적이라면 더욱 그렇다. 자기 분야에서 전문가로 자리매김하고 연설을 더 많이 하게 되니 언론의 관심을 받는다. 새로운 관점에서 브랜드에 대한 인지도를 높이는 데 도움이 된다. 이는 잠재적으로 수입 가능성을 높인다. 누구나 책을 쓸 수 있지만 모두 책을 쓰는 것이 아니기에 책을 쓰지 않은 사람들이 생각하지 못한 성취를 이룰 가능성이 높은 것은 분명하다. 돈을 추구하는 것이 주된 목표는 아니지만, 훌륭한 책을 쓰면 금전적 보상으로 이어질 수 있다. 작가는 동료 작가, 출판사, 업계 전문가 및 독자와 연결되어 전문 네트워크가 확장된다. 또한, 출판된 책은 세상에 흔적을 남기고 자신의 통찰력을 미래 세대와 공유할 수 있는 지속적인 유산이 될 수 있다.

건강상의 이로움

책 쓰기 하면 책상 앞에 구부정하게 앉아 모니터를 바라보고 썼다 지웠다 반복하며 고뇌하는 모습이 떠오른다. 건강과는 거리가 먼 작업 같지만 실제로 책 쓰기는 신체적, 심리적, 인지적, 사회적 측면에서 다양한 이점을 얻을 수 있다.

한 과학 연구에 따르면 글쓰기는 면역 체계를 강화한다. 뉴질랜드 페니 베이커 박사와 동료들은 쓰기 활동에 참여한 환자가 쓰기 연습을 완료하지 않은 환자보다 CD4 림프구 수가 더 높게 측정된다는 사실을 발견했다. 또한 류머티즘 관절염 및 천식 환자의 기타 신체 건강 개선도 관찰했다.

표현적인 글을 쓰는 것만으로도 스트레스를 해소하고 긍정적인 에너지를 얻어 전반적인 삶의 질이 향상되는 것을 기대할 수 있다. 자신의 감정, 경험, 생각을 글로 정리하면서 자기 인식을 높일 수 있고 성장에 도움이 되므로 심리적인 안정감을 준다.

책 쓰기는 뇌를 활성화하고 인지적 자극을 줄 수 있다. 아이디어를 생각하고 구조화하며, 문장을 구성하는 과정은 인지 능력을 높인다. 글을 쓰며 정보를 체계적으로 구조화하면서 기억력을 강화할 수도 있다. 새로운 아이디어를 생각하고 표현하면서 창의적 사고를 발전시킨다.

책은 혼자 쓰는 작업이지만 다양한 경험과 만남, 대화의 욕구를 자극하기도 한다. 블로그를 운영하거나 소셜 미디어에 글을 공유하면서 다른 사람들과 의견을 나누고 소통할 수 있다. 다른 사람과 글을 공유하면 사회적 연결과 공동체 의식을 키울 수 있어 정신 건강에 좋다.

책 쓰기를 머뭇거린다면 당신의 삶에 긍정적인 영향을 미칠 수 있는 5가지를 떠올려 보자.

　첫째, 자기 성장을 통해 성취감과 만족감을 느낀다.
　둘째. 관련 지식을 집중적으로 얻는다.
　셋째, 나만의 현실도피처이자 놀이터를 만든다.
　넷째, 장기적으로는 권위가 올라가고 지속적인 유산을 갖는다.
　다섯째, 더욱 건강하게 산다.

아직도 망설이는 당신이 이제는 책을 쓰기 시작하면 좋겠다.

3. 책은 혼자 쓰나요?
feat. 글동기와 동행자 만들기, 공동 저자로 참여하기

글을 쓰는 지금은 새해를 맞이한 지 얼마 안 되는 1월이다. 내가 속한 오픈채팅방에 다양한 100일 프로젝트가 눈에 띈다. 모닝 루틴, 책 읽기, 글쓰기, 영어 공부, 정리 등이 있다. 새마음으로 함께 격려하며 시작하는 모습이 좋다.

만약 여러 이유로 시기를 놓쳤다면 2월 1일부터 시작하면 된다. 사람이 계기를 여러 번 만들기 위해 달력을 만들었을 수도 있다고 생각했다. 새해, 새로운 달이나 주, D-100일처럼 언제든 새로 시작할 수 있다.

마라톤은 혼자 뛰는 것일까 함께 뛰는 것일까?
작가들이 저마다의 이유로 글쓰기를 마라톤에 비유하는데

나는 다른 속도로 함께 뛰는 모습이 마치 글쓰기와 닮았다고 생각한다. 글이란 자기 생각과 속도로 혼자 쓰는 것이지만 마라톤처럼 누군가 내 옆에서 뛰고 있다는 것을 생각하면 멈추지 않을 수 있다. 가는 길은 고되고 외롭다. 누군가는 먼저 도달해 기쁨을 먼저 느끼겠지만 크게 상관없다. 나도 결국 긴 여정 끝에서 완주라는 쾌감을 맛볼 수 있다는 것을 안다.

글동무도 좋고 글동기도 좋다, 함께 시작하기

브런치 작가 프로젝트를 함께 한 온라인 글쓰기 모임에 속해있다. 2년을 넘게 이어온 인연으로 동기 작가들이 꾸준히 활동해 브런치에 들어가면 한두 명 이상 아는 필명의 글이 대문에 보인다. 전부터 써온 글을 읽었기에 더 가깝고 따뜻하게 다가온다. 오픈채팅방에는 매일같이 응원하고 격려하고 축하하는 글이 올라온다. 때로는 속상한 일, 고민이 되는 일을 나누며 서로 위로받고 힘을 얻는다. 대화에 자주 참여하지 않지만 끈끈한 동기애를 느낄 수 있다.

공유하는 글이나 책을 쓰기 시작한다면 어디든 소속되어 함께 하는 것을 추천한다. 특히 평소 속한 직장이나 가정에서 글쓰기와 책 쓰기에 관심이 없어 즐거움과 어려움을 이야기할 수 없다면 글쓰기 모임은 더욱 필요하다. 사람이 소속되어 있으면 안정감, 정서적 편안함을 느낄 수 있다. 서로의 목표를 기억하고 공감하며 지원해주기에 행복감이 커진다. 모임에서 중요한 역할이나 기여를 한다면 개인의 능력을 인정받아 자아 효능감을 높이고 그 결과로 자아실현의 기회를 얻기도 한다.

나이가 들수록 새로운 소속을 만드는 것이 부담스럽거나 시간과 에너지를 내기 힘들다는 생각이 들 수도 있다. 그렇다면 느슨한 연대를 추천한다. 《라이프 트렌드 2020: 느슨한 연대(Weak Ties)》에 따르면 느슨한 연대는 서로 직접적으로 연결되어 있지 않지만, 간접적인 관계를 형성하는 것으로 현대 사회에서 더욱 중요해진다고 한다.

개인의 자유와 독립성을 유지하면서도 소속감과 커뮤니티의 필요를 충족한다. 일기가 아닌 글은 결국 독자가 있어야 존재의 가치가 있다. 가끔 커뮤니티의 글을 읽고 댓글을 쓰는 활동만으로도 다양한 글을 접하며 잠재적 독자를 만들 수 있다. 불안정한 생활환경 속에서 글을 쓰는 것이 때로는 귀찮고 지속하는 것이 어렵다. 느슨한 연대는 우리를 보호하고 지지해 주는 역할을 한다.

동행자와 함께 쓰기

마흔을 넘기자 내 마음을 들여다보게 되었다. 마음에 남은 흔적에 이름을 달고 이유를 물으면서 마음공부를 시작했다. 그렇게 3년을 지내다 보니 함께 공부했던 사람들과 마음 관련 책을 쓰게 되었다. 에세이나 자기 계발서처럼 물리적인 조합이 아니라 관심이 가는 주제에 대해 함께 쓰고 고치는 작업이 필요하다. 의견을 깊게 나누며 공동 작업을 해보니 어려움보다 도움 되는 것이 많아 이 경험을 추천하고 싶다.

아이디어를 교환하고, 자료를 모으고 공유함으로써 복잡한 문제를 보다 효율적으로 해결할 수 있다. 서로의 배경지식과 경험은 지적 발달을 촉진하고 지식의 경계를 확장하여 혼자 할 때보다 높은 수준의 결과물을 만든다.

'모여 앉아 글을 고치는 시간이 학습하는 시간이었다. 서로가 서로에게 배웠다. (중략) 시간이 지나면서 실력이 상향 평준화 됐다.' 강원국 작가가 《강원국의 글쓰기》에서 말한 글쓰기 공동체가 가진 힘을 느꼈다.

성장해서 도움이 되려는 마음을 가진 사람들과 책 쓰기 공동체를 만들면 좋겠다. 이때 세 가지를 주의해야 한다.
 – 쓴 글을 뽐내지 않고 힘을 합쳐 결과물을 내야 한다.
 – 리더의 짐과 부담을 나눠서 져야 한다.
 – 무임승차하지 않고 서로 의지해야 한다.

느슨한 연대에서 좀 더 강하게 연결되고 싶은 누군가를 만났다면 그들은 기꺼이 서로의 동행자가 될 것이다.

공동 저자로 참여하기

앞머리는 사람들이 나를 보면 쉽게 붙잡을 수 있게 하고, 뒷머리는 내가 지나가면 다시는 붙잡지 못하게 하려는 것. 발에 날개가 달린 건, 순식간에 사라지려는 것이다. 내 이름은 '기회'다.

글쓰기에 대한 열망을 갖고 꾸준히 글을 쓴다면 분명 기회는 온다, 아니 보인다. 글동기들의 오픈채팅방에 수없이 많은 공모전이 올라온다. 부지런히 찾아내는 분들도 대단해 보이고 이렇게 많나 싶을 정도다. 누군가에게는 스팸메일처럼 쓸데없는 글로 보일 것이고 누군가에게는 쏟아지는 기회로 보일 것이다.

글 쓰는 사람은 출간할 출판사를 만나기 어렵다고 하지만 출판사에서는 작가를 찾는 것이 어려운 일이다.

책 쓰기가 처음이라면 공동 저자로 참여하는 것을 권장한다. 공동 저자로 세 번째 책을 준비하는 작가로서 세 가지 이점을 설명할 수 있다.

1. 책임감이 나의 잠재력을 끌어올린다.

공동 저자 참여는 책임감을 키우는 데 중요한 역할을 한다. 책 쓰기 관련 일정표를 받아 들면 일상에서 우선순위 앞쪽에 둘 수밖에 없다. 일정 중간에 책 쓰기를 중단할만한 이유를 만났을 때조차 멈추지 않고 기한 내에 완료하기 위해 집중하고 좀 더 노력할 수 있다. 집단적 의무는 글의 내용에 더욱 세심하게 신경 쓰게 하며 작가로서 윤리적으로 행동하게 한다. 이러한 공동 노력은 부정확성이나 편견을 효과적으로 최소화하여 작가로서 잠재력을 끌어올린다.

2. 책 쓰기의 효율성을 높일 수 있다.

공동 저자로 책을 쓰면 과정을 가속화한다. 책 한 권에 약 35~40 꼭지가 필요하다. 한 꼭지를 완성하는데 일주일 걸린다고 할 때 약 40주, 열 달이 걸린다. 공동 저자가 책을 쓰면 참여하는 인원만큼 기간이 단축된다. 또한 원고 작성 및 검토, 교정도 동시에 이뤄질 수 있어 효율적이다.

작업 시기가 아닌 역량 발휘 면에서, 단독 처자 책쓰기를 장거리 달리기라고 한다면 공동 저자로 쓰는 것은 이어달리기가 된다. 1,000미터를 200미터 대표의 속도로 계속 뛸 수 없지만 200미터 대표 5명은 모두 그렇게 뛸 수 있다. 각 계주 역할을 하는 작가는 해당 주제를 할당된 분량 안에 담기 위해 최선의 글을 추린다. 결과적으로 생산성과 성취도를 높인다. 또한 저자들이 폭넓은 주제와 자료를 제공하여 독자들에게 더 많은 가치를 창출한다. 서로의 네트워크를 활용하여 더 많은 독자에게 접근할 수 있도록 하며 영향력을 넓힌다.

3. 다른 저자들과 교류하고 협력할 수 있다.

처음 공동 저자로 참여할 때는 동행자와 같은 것인 줄 기대하였으나 그렇지는 않았다. 출간 목적과 기획 의도에 따라 공동 저자가 구성되고 주어진 일정에 따라 원고를 작성한다. 이러한 과정 중에 공동 저자를 만날 수도 있고 못 만날 수도 있다. 하지만 서로를 인식하고 차후에라도 만날 기회가 되면 다른 모임과는 다른 성격의 공동체가 만들어진다. 기존의 공동체에서 책을 쓰는 것이 아니라면 다양한 분야의 저자를 알게 된다. 대화와 교류를 통해 새로운 아이디어를 얻고 인맥을 넓힐 수 있으며 협력할 기회를 얻어 성장에 도움이 된다.

동행은 서로를 이해하는 것이 아니라,
서로를 받아들이는 것이다.
아우렐리우스 아우구스티누스

4. 선생님은 아이들에게
   글쓰기를 어떻게 가르치나요?

문해력과 글쓰기

요즘 문해력이란 말을 모르는 교사나 학부모는 없을 것이다. 온라인 서점에서 '문해력'으로 검색하면 약 1,000건의 상품이 나온다. 최근에는 문해력 문제가 사회적 이슈로 떠올랐다. 교육부에서 발표한 '2020년 국가수준 학업성취도'에 따르면, 국어 과목에서 기초학력 미달 학생의 비율이 증가했다.

한국교육과정평가원에서 발표한 '2020년 국가수준 학업성취도 평가 결과' 디지털 기기 사용에 따른 학습 습관의 변화가 문해력 저하에 영향을 미쳤다고 판단했다. 이에 국가에서는 기초학력보장법을 제정하여 2022년 3월 시행하였다.

디지털 기기 사용에 대한 2023년 12월 한 조사 기관에 따르면 한국인의 유튜브 앱 시청시간은 2020년 10월 671억 분에서 2023년 10월 1,044억 분으로 150% 증가했다. 다양한 숏폼까지 등장하여 도파민 중독에 대한 위험성을 우려하게 되었다.

글쓰기를 말하기 전에 문해력에 대해 이야기를 늘어놓은 이유는 글쓰기와 문해력은 서로 밀접한 관련이 있기 때문이다. 문해력은 글을 이해하고 해석하는 능력을 의미하며 글쓰기는 문해력을 바탕으로 아이디어를 표현하고 전달하는 과정이다. 문해력이 뛰어날수록 글을 잘 이해하고 분석할 수 있으며 이를 토대로 더 나은 글을 쓸 수 있다. 또한, 글쓰기를 통해 문해력은 좋아진다. 글을 쓰면서 다양한 주제와 아이디어를 접하고 문장 구조와 어휘를 활용하며 자기 생각을 정리하고 표현하는 과정에서 문해력이 향상된다.

따라서 글쓰기와 문해력은 서로 상호보완 관계며 둘 다 중요한 능력이다. 글쓰기를 통해 문해력을 향상하고 문해력을 바탕으로 더 나은 글을 쓸 수 있도록 노력해야 한다.

학생들에게 글쓰기를 가르치는 방법은 다섯 가지로 정리할 수 있다. 교사로서 할 수 있는 방법인 동시에 나와 자녀에게도 적용할 수도 있으니 참고하여 글쓰기와 책 쓰기에 도움이 되길 바란다.

경험 일기를 쓰라고 하면 특별하게 한 게 없다며 글쓰기를 어려워하는 학생들이 있다. 학생들만의 문제가 아니기에 작가들이 쓸거리 찾는 방법에 대해 따로 조언하기도 한다. 주제를 하나 정해 글을 쓰거나 눈에 띄는 대상을 관찰하여 쓴다. 질문 모음집을 사다 놓고 글을 쓰기도 한다.

쓸거리가 생각났을 때 글쓰기까지의 골든타임은 '지금'이다. 즉시 글을 쓰는 것이 가장 좋다. 왜냐하면 우리는 종종 아이디어를 잊어버리거나 나중에 다시 찾아보기 어렵기 때문이다. 바로 쓰면 의욕이 생기고 집중도 잘 된다. 글을 쓰는 과정에서 더 많은 아이디어가 떠오르며 글을 쓰면서 생각을 정리하고 발전시킬 수 있다.

따라서, 쓸거리가 생각났을 때는 망설이지 말고 바로 글을 쓰기 시작하는 것이 좋다. 그렇게 하면 아이디어를 놓치지 않고, 창의적인 글을 쓸 수 있다.

특별한 활동을 하는 날이면 마지막 시간에 국어 시간을 배치하거나 글쓰기를 과제로 제시하여 쓸거리를 날려 보내지 않는다.

1. 메모하기: 10분 정도 우리가 한 활동을 육하원칙에 맞게 정리한다. 언제, 어디서, 누구와 했는지, 무엇을 왜 했는지, 어떻게 했는지 세 문장 정도로 적는다. 하기 전후의 생각과 느낌을 각각 간단하게라도 적어둔다. 이렇게 정리한 다섯 문장은 글을 쓰는 데 도움을 준다.

2. 상상으로 사진 찍기: 활동을 하면서 기억에 남을 한 장면을 사진을 찍는다고 생각하며 구체적으로 상상한다. 상상의 사진에는 내가 등장하며 시간과 공간이 드러나도록 상상한다. 누구와 무엇을 하는 장면인지, 어떤 표정을 짓고 있는지 생생하게 떠올릴 수 있도록 시간을 준다. 시각적인 기억은 더 오래가고 생동감 있는 글을 쓰기 좋다.

두 번째, 글의 구조와 형식을 갖추어 쓰게 한다.

조건이나 제약 없이 자유롭게 글을 쓰면 좋은 점도 있지만, 백지에 그림 그리는 것처럼 막막해하며 더 어려워하는 학생들도 있다. 국어 시간에 배운 갈래에 따른 글의 구조뿐만 아니라 기본적인 형식을 초반에 알려주면 글을 완성하기 쉽다. 구조와 형식에 맞게 분량을 채우며 완성하는 경험을 많이 할수록 글을 쓰는 두려움이 줄어든다.

초등학생이 국어 수업으로 배우는 글쓰기 구조에는 크게 네 가지가 있다. 대부분 2학년 2학기부터 배우는 내용이다. 평소 다양한 구조를 섞어 일기를 쓴다면 나만의 틀을 갖출 수 있다.

1. 다섯 문단 글쓰기: 1문단은 서론으로 주제를 소개한다. 2~4문단은 본론으로 내용, 예시, 근거를 제시한다. 5문단은 결론으로 주제를 요약하고 강조한다.

2. 이야기 만들기: 이야기는 시작, 전개, 결말로 이루어진다. 시작에서는 배경과 등장인물을 소개하고, 목표나 해결할 문제를 쓴다. 전개에서는 목표를 이뤄가거나 문제를 해결하는 과정이 흥미진진하게 펼쳐진다. 결말에서는 문제가 해결되며 이야기가 마무리된다.

3. 설명하는 글쓰기: 설명하는 글은 주제, 자세한 내용, 요약정리로 이루어진다. 주제 문장에서는 주제를 소개하고, 자세한 내용에서 주제를 구체적이고 자세하게 설명한다. 마지막으로 요약정리에서는 내용을 요약하여 나만의 사전처럼 정리한다. .

4. 주장하는 글쓰기: 주장하는 글은 다섯 문단과 비슷하다. 서론에서는 이 주제를 어떻게 접했으며 왜 관심을 두게 되었는지를 소개한다. 본론에서는 주제에 대한 의견과 근거를 세 문단으로

제시하고 결론에서는 주제와 의견을 간결하게 다시 강조한다.

이러한 글쓰기 구조를 초등학생에게 가르쳐주면, 글을 쉽게 이해할 수 있으며 글쓰기 능력을 향상하는 데 도움이 된다.

<u>세 번째, 글을 꾸준히 쓸 수 있는 환경을 제공한다.</u>

'대작大作'은 '다작多作'에서 나온다.

꾸준히 쓰면 글은 는다. 글을 쓰는 누구나 알지만 지키기 쉽지 않다. 부모가 시켜서 글을 계속 쓰게 하긴 어렵지만, 교사라서 꾸준히 많이 쓰도록 도울 수 있다.

한 때 '글똥누기'라는 이름의 글쓰기가 유행했다. 똥을 누듯 매일 아침에 경험과 생각을 글로 표현하는 활동이다. 가끔 학년에 맞게 적용하는데, 효과가 있어 소개한다. 아침에 일어나 교실에 도착할 때까지 경험하거나 생각한 것을 세 줄 이하로 쓴다. 처음에는 뭘 쓸지 막막해하고 귀찮아하지만 일주일도 안 되어 적응한다. 비슷한 일을 겪더라도 더 자세하고 생동감이 넘친다. 하고 싶은 말이 많아 열 줄을 넘기는 일이 생긴다. 글로 생각과 감정을 쏟아내며 쾌감을 느끼게 하면서 실력을 꾸준히 쌓게 할 수 있다. 가끔 '글똥왕 뽑기 대회'라도 열면 흥미롭게 글을 쓴다.

일기 쓰기는 1학년 2학기에 처음 배우는데 경험 쓰기, 주제 글쓰기, 자유 글쓰기가 포함된다. 2005년 일기 검사가 인권 침해 소지가 있다는 발표가 난 후 일기 과제는 교사 재량에 맡겨졌다. 그러나 다음과 같이 여러 가지 이점을 제공하기 때문에 초등학교에서는 여전히 과제로 내주며 많은 교사는 칭찬과 조언을 담아 정성껏 답글을 쓴다.

1. 글쓰기 능력 향상: 자기 생각과 느낌을 글로 표현하면서 글쓰기 능력을 향상할 수 있다.

2. 자기 성찰과 감정 조절: 일기를 쓰면서 자기 생각과 감정을 정리하고 이를 통해 감정을 조절할 수 있다.

3. 창의성과 상상력 향상: 경험과 생각을 바탕으로 다양한 이야기를 만들어내며 이를 통해 창의성과 상상력을 키울 수 있다.

4. 자기 주도적 학습 능력 향상: 글을 쓰고 생각과 감정을 정리하는 과정에서 메타인지적 자기 인식에 도움을 준다. 학생과 교사 간의 의사소통을 유지하여 자기 주도적 학습 능력을 키울 수 있다.

5. 일상생활의 기록: 일기를 쓰면서 자신의 일상생활을 되돌아보고, 이를 통해 자기 삶을 더욱 의미 있게 만들 수 있다.

네 번째, 고쳐 쓰기 과정을 거친다.

초등학생이 초고, 수정, 퇴고 과정을 거쳐 글을 쓴다고 하면 의아할 수도 있지만 6학년 국어 시간에 '고쳐쓰기'라는 이름으로 배운다. 이 과정은 실제 수업 시간 안에서 끝내기가 쉽지 않다. 시간이 오래 걸릴 뿐만 아니라 아이들도 썼던 것을 다시 쓰는 작업이라 귀찮아하고, 싫어하니 한 번 해보는 과정으로만 여길 뿐 계속 시킬 수는 없다. 그렇지만 중요한 과정임을 알기에 저학년부터 수준에 맞게 적용한다. 모든 글은 아니더라도 가끔 고쳐쓰기를 해서 글은 다듬으면 다듬을수록 나아지는 것을 알게 한다.

1) 점검 수준 - 글
- ▶ 무엇에 대하여 쓴 글인지 알 수 있는가?
- ▶ 제목과 내용이 잘 어울리는가?
- ▶ 서론, 본론, 결론의 짜임에 알맞은 내용을 썼는가?
- ▶ 읽는 사람을 고려했는가?

2) 점검 수준 - 문단
- ▶ 한 문단에 하나의 중심 생각만 있는가?
- ▶ 중심 문장을 뒷받침하는 문장은 적절한가?
- ▶ 문장과 문장이 자연스럽게 연결되었는가?
- ▶ 근거를 보충하는 자료가 충분한가?

3) 점검 수준 - 문장과 낱말

▶ 문장의 호응이 잘 이루어졌는가?

▶ 맞춤법에 맞춰 쓰고 문장부호를 바르게 했는가?

교사가 모든 아이의 글을 꼼꼼하게 첨삭하지는 않는다. 자기 글이나 친구 글에서 고칠 부분을 찾는 활동도 의미 있고 피드백을 빠르게 받아 여러 번 고쳐 쓰는 것이 더 도움이 되기 때문이다.

다섯 번째, 쓴 글을 서로 공유하고 피드백하게 해준다.

학생들은 자기 글을 다른 사람에게 보여 주고 싶으면서 싫어하는 양가감정을 가진다. 학생들에겐 수업이라는 명목으로 가장 좋은 피드백의 경험을 만들어 줄 수 있다.

1. 작은 그룹 만들기: 글을 쓰는 속도가 제각각 다르므로 먼저 쓴 학생들부터 3~4명의 작은 그룹을 구성한다. 글쓰기를 서로 봐주며 도움을 주기에 적절한 인원이다. 그룹을 만들어 20분 정도 시간을 주면 좋다.

2. 구체적인 피드백 방법을 알려주기: 다른 사람에게 자기 글을 보여 주는 것이 즐거운 경험이어야 한다. 선생님의 피드백을 바로 받고 싶은 학생의 글을 예시로 피드백하는 방법을 알려주면

좋다. 읽은 사람은 가장 좋았던 부분을 중심으로 한 줄 소감을 글 아래 쓴다. 옅은 색연필로 틀린 낱말, 호응이 안 되는 문장, 어색해서 한 번 더 생각해 보면 좋은 부분에 밑줄 친다. 학생 간에도 맞춤법이나 글쓰기 능력에 차이가 있기에 서로 조심스럽게 찾아준다. 선생님이 빨간펜이나 볼펜으로 그어주는 것보다 더 편안하게 받아들인다.

3. 받은 피드백을 글에 적용하기: 피드백을 받은 후에 피드백을 한 친구에게 수정의 방향이나 궁금했던 부분을 좀 더 자세하게 물어보며 개선할 수 있는 방법을 찾아본다. 피드백을 받으면 소감과 밑줄을 참고하여 글을 다시 고쳐 쓰고 친구에게 보여 준다. 간혹 바르게 쓴 곳에 밑줄을 치기도 하는데 밑줄 쳐 준 부분이 이상하거나 어떻게 고칠지 모를 때는 교사에게 와서 질문하여 해결하도록 한다. 시간이 남는다면 글을 읽고 더 궁금한 부분에 대해 질문형식으로 한 줄 더 써준다. 그럼 글을 쓴 아이는 궁금증을 해결해 주기 위해 더 풍성하게 글을 쓴다.

4. 고쳐 쓴 글 읽기: 피드백할 때는 모든 학생의 글을 읽은 것이 아니었으므로 고쳐 쓴 글 한 편을 완성하면 돌려 읽는다. 친구 글을 읽을 때는 글쓴이와 제목을 적고 어떤 부분이 왜 좋았는지 적는다. 그렇게 하면 친구들의 글을 집중해서 읽을 수 있다. 고쳐쓰기 후 자기 글의 변화와 친구들의 글에 대한 감상평을

발표한다. 이 과정을 통해 서로 배우고 발전한 것을 느끼게 한다.

문해력과 글쓰기가 중요하다는 것을 알더라도 글쓰기 지도를 따로 해달라고 요구할 수는 없다. 교사와 학생 모두 수업 시간 외에도 시간을 할애하고 방법을 고심하며 더 애써야 하기 때문이다. 교사, 학부모, 학생마다 관심, 능력, 우선순위가 다르다는 것을 인정해야 한다.

학급 운영을 할 때 교사의 관심에 따라 조금 더 중시하는 것이 있는데 나에게는 독서, 운동, 글쓰기다. 마침 속해있는 인천교육청의 특색사업명도 '읽·걷·쓰(읽기·걷기·쓰기)'라는 것이 운명 내지는 갈 길이 아니었나 싶다.

학생들과 함께한 글쓰기 지도 방법에는 다섯 가지가 있었다.
　　첫 번째, 쓸거리를 포착하여 메모하고 정리하기
　　두 번째, 글의 구조와 형식을 갖추어 쓰기
　　세 번째, 글을 꾸준히 쓸 수 있는 환경 조성하기
　　네 번째, 고쳐 쓰기 과정 거치기
　　다섯 번째, 글을 공유하고 피드백하기

경험에 비추어 일 년이란 시간으로도 학생들의 글쓰기 실력이 눈에 띄게 향상되는 것을 알았다. 상황에 맞게 가정에서 적용해 본다면 글쓰기가 마냥 어려운 일이 아닐 수도 있다. 학교 수업과 연계한다면 효과적일 것이고 글쓰기가 더욱 즐거울 것이다.

글쓰기를 마치며

이미 책을 출간했지만 '작가'라는 말을 들으면 낯간지럽고 아직도 남의 옷을 입은 듯 어색하다.

가만히 생각해 보니 '선생님'도 그랬다.
경험은 부족하고 배울 것은 많은 내게 불러주던 '선생님'이란 호칭은 버겁기 그지없었다.

나를 만난 아이들, 동료, 학부모들에게 떳떳하게 살고 싶었다. 많은 선배님이 닦아놓은 '선생님'이라는 말에 먹칠하지 않기 위해 고군분투했다. 그렇게 살다 보니 20여 년이 흘렀다.

덕분에 지금의 나로 살 수 있다. 존경이나 자랑스러운 사람까지는 아니어도 이름에 걸맞게 살고 있다. 남은 시간은 '작가'라는 이름에도 어울리는 삶을 살려고 한다.

누군가 책을 왜 쓰는지 한 줄로 말해달라고 한다면 이렇게 말할 수 있다.
"내 이름을 알고 내 책을 읽는 사람들에게 부끄럽지 않게 잘 살고 싶어서 책을 씁니다."

김기진

KHR Group 대표, 한국HR포럼 대표이사, 한국HR협회와 피플스그룹 이사장, ERiC Story 출판 대표. 16년간 제174회 KHR포럼 개최(회원 3,500명)와 매년 'KHR FTP 인사 & 인재 개발 실태 조사 보고서'를 발간하고 있다. 저서는《아하 나도 줌(Zoom) 마스터》와 공저는 현직 HR담당자와 함께 지식 나눔과 역량개발 차원의《HR 레볼루션》,《ChatGPT*HR: 생성형 AI, HR에 어떻게 적용할 것인가》,《MZ 익스피리언스》,《왜 지금 한국인가》,《하루하루 시작(詩作)》,《내 인생의 선택》,《코로나 이후의 삶 그리고 행복》등을 출판하고 있다.

책쓰기 레볼루션:
달아 달아 두 달아

1. 뚝딱: 두 달 만에 책 쓰기 과연 가능할까?

ChatGPT 300% 활용법

책을 쓰고 싶은 마음이 있지만, 어디서부터 시작해야 할지 궁금하다구? 아주 쉬운 방법을 알려줄게. 바로 GPT^{Generative Pre-trained Transformer}와 같은 AI 도구를 활용하는 방법이 있어. 이러한 도구들은 글쓰기 과정을 단순화하고 창의적인 아이디어를 촉진할 수 있도록 도와주기 때문에 자신이 스스로 생각하게 하거나 어리바리 생각을 논리적으로 정리를 해주거든.

ChatGPT는 글쓰기에 있어서 훌륭한 파트너가 될 수 있어. 예를 들어, 네가 쓰고 싶은 주제에 대한 아이디어나 문장을 입력하면, GPT는 이를 바탕으로 더 발전된 내용을 제안해 줄 수 있거든. 이는 마치 창의적인 두뇌 폭풍을 혼자서 하는 것과 같은 효과를 주기 때문이야.

ChatGPT를 활용한 아이디어 발굴

주제와 아이디어를 탐색하는 것은 책 쓰기의 가장 중요한 단계 중 하나이지. GPT는 이 과정에서 큰 도움을 받을 수 있어. 예를 들어, 네가 쓰고 싶은 분야에 대해 GPT에게 몇 가지 질문을 던져봐. "가족에 관한 이야기를 쓰고 싶어요, 어떤 방향으로 접근하는 것이 좋을까?"와 같은 질문이 좋은 시작점이 될 수 있어. 이 친구는 워낙 친절해서 간단히 물어봐도 알아서 척척 이야기를 술술 만들어 내지.

ChatGPT는 다양한 아이디어와 관점을 제시해 주기 때문에, 이 중에서 네가 흥미를 느끼는 아이디어를 선택하여 더 깊게 탐구하거나, 여러 아이디어를 조합하여 독특한 콘셉트를 만들어 낼 수도 있어. 또한, ChatGPT는 네가 생각지 못한 새로운 방향을 제시해 줄 수도 있어. 이러한 과정을 통해, 자신만의 독특하고 흥미로운 책 주제를 발견할 수 있을 거야. 흥미가 생기지 않니.

반드시 기억해 둘 것은, 책을 쓰는 것은 긴 여정과 같아. 호흡이 짧으면, 흥미가 떨어지고, 결국 포기하게 되거든. ChatGPT와 같은 도구를 활용하면 이 여정이 더 즐겁고, 창의적이며, 무엇보다 너만의 독특한 이야기를 만들어내는 큰 도움을 받을 수 있어. 시작이 반이라는 말이 있듯이, 이제 너도 첫걸음을 떼어보면 어떨까. 충분히 할 수 있다니까.

ChatGPT로 손쉽게 목차 짜기

책을 쓰기 위한 첫걸음은 분명하고 잘 구조화된 목차를 만드는 것이 중요해. 여기서 ChatGPT는 마치 지혜로운 멘토처럼 너를 도울 수 있어. GPT를 활용하여 명확하고 체계적인 목차를 만드는 방법은 다음과 따라서 진행을 해봐.

[방법 1] 주제 결정하기: 먼저, 너의 책에 대한 대략적인 주제를 결정하는 거야. 이 주제는 너의 경험, 관심사, 또는 전문 지식과 관련된 것이 좋아. 예를 들어, '가족 관계 개선'이라는 주제를 선택할 수 있지.

[방법 2] ChatGPT에게 질문하기: 이제 ChatGPT에게 주제와 관련된 질문을 던져봐. 예를 들어, "가족 관계 개선에 대한 책 목

차는 어떻게 구성하는 것이 좋을까?"라고 물어볼 수 있지. ChatGPT는 여러 아이디어와 구조를 순식간에 만들어 주거든.

[방법 3] 아이디어 선별 및 조정: ChatGPT가 제시한 아이디어 중에서 너의 책에 적합한 것을 선택해 봐. 필요하다면 이들을 조정하고, 자신의 경험과 지식을 반영하여 더욱 풍부하게 만들 수도 있고, 추가적인 아이디어를 묻는 것도 좋은 방법이야.

[방법 4] 챕터별 세부 사항 추가: 각 챕터에 대한 세부 사항을 추가하면 어떨까. 예를 들어, '가족 대화의 중요성', '갈등 해결 기법', '긍정적인 가족 관계 구축하기' 등과 같은 소주제를 포함해서 질문을 하는 거야.

[방법 5] 반복 검토 및 조정: 목차를 작성한 후에는 반복적으로 검토하고 조정하는 과정을 거쳐야 해. 담금질을 해야 쇠가 단단해지듯이 ChatGPT가 응답한 내용에 대해 스스로가 분석을 하고, 추가적인 질문을 반복하면서 네가 의도하는 방향에 대해 조금씩 가까이 다가가는 것이 중요해. 이 과정을 통해 목차가 너의 쓰고자 하는 책의 목적과 메시지를 잘 반영하고 있는지 확인할 수 있게 되지.

목차는 책의 뼈대와 같아. 이를 통해 독자들이 책의 흐름을 쉽게 따라갈 수 있도록 도와주기 때문이야. ChatGPT와 같은 도구를 활용하면, 너의 아이디어를 체계적으로 정리하고 구조화하는 데 큰 도움이 될 수 있어. 반드시 기억해 둬야 할 것이 있어, 그것은 책을 쓰는 것은 너의 이야기를 세상에 전하는 멋진 여정이기에 ChatGPT는 너에게 도움을 주는 것이지 너의 경험을 대신하여 책을 써주지는 않아. 다만 네가 좀 더 넓고, 깊게 생각하고, 복잡한 내용을 정리해 주는데 탁월한 능력을 갖추고 있을 뿐이야. 이것을 잘 모르는 사람들이 그냥 아무 생각 없이 ChatGPT가 써주는 이야기를 마치 자신의 이야기로 착각하는 경우가 종종 있거든. 그것만 주의하면 너만의 좋은 책을 만들어 낼 수 있어. 할 수 있겠지. 자신감을 갖고 용기를 내어봐.

개인적 경험을 책에 담는 방법

책을 쓰는 과정에서 가장 강력한 요소 중 하나는 바로 너의 개인적 경험이 우선이라는 것을 잊으면 안 돼. 자기 경험을 책에 녹여내면, 독자들과의 연결을 강화하고 책의 메시지에 더 큰 힘을 실어줄 수 있어. 여기에는 몇 가지 간단하면서, 효과적인 방법이 있는데 그걸 알려줄게.

[방법 1] 경험 선택: 먼저, 책의 주제와 관련된 개인적 경험을 나열

해 보는 거야. 무엇이 되었든 이것저것 작성하고 보는 거지. 이 경험은 교훈, 인사이트, 또는 변화의 순간을 포착해 낼 수 있거든. 예를 들어, 가족 관계를 주제로 한 책을 쓴다면 가정한다면, 너의 가족과의 소통 방법에 대한 경험을 공유할 수 있겠지.

[방법 2] 이야기 구조화: 선택한 경험을 흥미롭고 의미 있는 이야기로 구조화해보면 어떨까. 여기에는 이야기의 시작, 중간, 그리고 끝이 있어야 하며, 각 부분은 책의 전체 주제와 연결이 되면 읽는 사람의 공감을 얻기가 수월해지지. 이 과정은 독자들이 너의 경험을 통해 쉽게 메시지를 이해하고 공감할 수 있도록 도와주기 때문이야.

[방법 3] 감정적 요소 강조: 이야기에 감정적인 요소를 포함하는 것은 독자들이 너의 경험에 더 깊이 몰입하게 만들 수 있어. 감정, 생각, 반응을 상세히 묘사하여 독자들이 너의 경험을 마치 자신의 것처럼 느낄 수 있도록 하는 거지.

[방법 4] 교훈 및 인사이트 제공: 너의 경험에서 배운 교훈이나 인사이트를 명확하게 전달해 봐. 이는 책의 교육적 가치를 높이고, 독자들이 자기 삶에 적용할 수 있는 유용한 정보를 제공해 보는 거야.

[방법 5] 독자와의 연결: 너의 경험을 통해 독자들과의 연결점을 찾아봐. 예를 들어, 공통의 문제나 감정을 언급함으로써 독자들이 너의 이야기에 더 쉽게 공감할 수 있도록 하는 거지.

너의 개인적 경험을 책에 통합하는 것은 단순히 이야기를 전달하는 것 이상의 의미를 갖게 될 거야. 이는 독자들에게 영감을 주고, 공감을 불러일으키며, 책의 메시지를 더욱 풍부하고 생생하게 전달 되도록 도움을 주기 때문이야. 만약 각각의 단계별로 접근하는 것이 어렵다면, 그때마다 ChatGPT에게 추가적인 질문을 통해 해결 방법을 물어보면, 아주 친절하고, 상세하게 설명해 줄 거야. 그러니 책을 쓰면서 걱정할 일도 별도 없지. 무엇보다 중요한 것은 너의 경험은 너의 책을 독특하고 특별하게 만드는 중요한 요소라는 것은 절대 잊으면 안 돼. 너의 이야기를 세상과 공유할 준비가 되었니. 고민하지 말고 일단 시작부터 해봐. 너에 대해 놀라움이 감춰진 자신을 발견하게 될 거야. 나를 믿어봐! 정말, 시작만 한다면 두 달 만에 뚝딱 너만의 책을 쓰게 될 거야.

책을 써보면, 자연스럽게 출판의 세계에 입문하게 되고, 자신만의 책을 넘어 다른 사람들의 이야기에 대해 흥미를 느끼고 그들의 생각을 책으로 만들어 내는데 관심을 두게 될 거야. 나를 믿어봐! 정말, 시작만 한다면 두 달 만에 뚝딱 너만의 출판사도 갖게 될 거야.

2. 저자는 어디서 찾고,
   어떻게 육성을 해야할까?

저자 발굴과 육성 방법

책을 쓰고 싶지만, 여전히 시작하는 데 주저하고 있다는 거지. HR(인적 자원) 저자 발굴과 육성 전략에 대해 나의 경험을 이야기해 볼게. 이는 잠재력 있는 저자들이 자신의 가능성을 인식하고 그것을 발휘할 수 있도록 도와주는 과정이기에 나 스스로가 배움의 방법이기도 하고, 만족감과 더불어 매우 가치 있는 일이라 생각하고 있어.

[방법 1] 자기 인식 강화: 먼저, 잠재적인 저자들이 자신의 강점, 관심사, 그리고 경험을 인식하도록 도움을 주어야 해. 이는 자기 자신에 대한 깊은 이해를 통해 책 쓰기의 첫걸음을 내딛는 데

중요한 역할을 하기 때문이야. 그래서 너 스스로가 먼저 책 쓰기에 고민하고 완성해본 경험이 필요한 거지.

[방법 2] 주제 탐색: 저자가 되고자 하는 사람들은 자신이 열정을 가지고 있는 주제를 찾도록 자신감을 느끼게 하고 용기를 주어야 해. 이는 그들의 전문 분야나 삶의 경험에서 이야기를 찾아야 하기 때문이야. 예를 들어, HR 전문가가 직장 내 커뮤니케이션에 대한 책을 쓰고 싶어 한다면, 그들의 전문 지식과 실제 경험을 바탕으로 주제를 선정할 수 있도록 관심과 흥미를 갖게 하는 것이 중요해.

[방법 3] 작성 스킬 개발: 책을 쓰는 기술은 시간과 연습을 통해 역량을 향상할 필요가 있어. 잠재력 있는 저자들에게 글쓰기 워크숍이나 코칭 세션을 제공하여 그들의 작성 능력을 향상하게 시킬 수 있지. 그러기 위해서는 사실 많은 시간과 노력이 필요해. 하지만, ChatGPT가 등장하면서 이러한 어려움은 쉽게 극복할 수가 있어. 다시 한번 강조하자면 ChatGPT는 다양한 생각을 하게 하고, 그중에 관심사를 정하게 되면, 이에 대해 보다 심도 있는 지식을 쏟아내 주기 때문에 자신만의 경험을 토대로 하여 공감 있는 글로 다듬어 가면 돼.

[방법 4] 피드백과 지원: 저자 지망생들에게 정기적인 피드백을

제공하고, 그들의 진행 상황에 관심을 가지면서 나도 할 수 있다는 '용기'를 심어 주는 역할이 필요해. 또한, 글쓰기 과정에서 마주치는 어려움을 극복할 수 있도록 지원과 격려를 아끼지 말고, 충분히 주는 것이 중요해. 책을 쓰는 것에 관한 관심이 크지도 않는데, 먼저 다가오는 것은 자신감이 떨어지는 자신을 발견하게 되기 때문이지. 그래서 지속적인 관심을 가지고 할 수 있다는 용기를 북돋아 주는 역할은 매우 중요해.

잠재력 있는 HR 저자 발굴

HR 저자를 발굴하는 것은 특히 HR 분야에 종사하는 사람들에게 중요한 기회를 제공하지. 이들은 자신의 전문 지식과 실제 경험을 바탕으로 유익하고 실질적인 내용을 제공할 수 있기 때문이야. 하지만 현실은 조금 달라, 워낙 현업이 바쁘게 돌아가다 보니, 시간을 낼 수 있는 여건이 안 된다고 생각하는 것도 넘어야 할 산이지만, 자신의 자존감이 낮거나, 지금 당장에는 책 쓰기의 필요성을 느끼지 못하기 때문에 이들을 설득하는 것은 쉽지 않아. 그래서 지속적인 관심과 질문을 통해 자신의 관심사와 강점을 끌어내는 미팅을 지속해서 할 필요가 있어.

[방법 1] 전문성과 경험 활용: HR 전문가들은 자신의 전문성과 실

제 업무 경험을 책에 반영하게 충분한 이야깃거리가 많아. 예를 들어, 팀 관리, 직장 내 갈등 해결, 인재 개발 등의 주제는 많은 독자에게 유용한 정보를 제공할 수 있지.

[방법 2] 네트워크 활용: HR 커뮤니티 내에서 잠재력 있는 저자를 발굴하기 위해 네트워킹 이벤트나 세미나를 활용하는 것은 매우 탁월한 방법이야. 이러한 행사들은 잠재적 저자들이 서로의 경험을 공유하고 영감을 얻을 기회를 제공해 주기 때문이지. 나의 경우는 16년간 매월 1회씩 정기적인 모임을 하면서 현재 174회 KHR포럼 개최를 하면서, 이러한 HR커뮤니티를 유지하고 있지. 누적 회원 활동이 3,500명 정도가 되다 보니, 좋은 이야깃거리를 만들어 내는 데는 큰 무리가 없는 것 같아.

[방법 3. 멘토링과 지원] HR 저자 지망생들에게 경험이 풍부한 멘토를 연결해 주는 것도 좋은 방법이야. 멘토는 글쓰기 과정을 안내하고, 출판에 대한 조언을 제공할 수 있지. 나의 경우는 1박 2일 워크숍을 진행하면서 주제 선정과 글쓰기 방법에 대해 교육하고, 참가자들의 상호 교류를 통해 서로가 힘이 되어 함께 공저를 낼 수 있도록 지원하고 있어.

이러한 책 쓰기 방법들은 HR 저자들이 자신만의 독특하고 가치 있는 책을 출판하는 데 도움을 줄 수 있어. 중요한 것은 모든 위대한 저자는 처음부터 완벽하지 않았다는 거야. 더더욱 중요한 것은 시작하는 용기와 지속적인 노력이겠지. 너도 충분히 할 수 있어. 먼저 책을 내보면서, 출판의 꿈을 꾸어 보는 거야.

나 역시 주변의 도움을 받아 3년 동안 7권의 저서와 공저를 내고, 단 한 달 만에 출판사를 창업하여 책을 내고 있으니, 정말 새로운 세상에서 사는 듯한 느낌을 받고 있지. 평소에 관심을 두고 있었지만, 이전과는 다른 경험이어서 정말 새로운 것 같아.

저자 커뮤니티 구축방법

책을 쓰는 여정에서 네트워킹은 매우 중요해. 저자 커뮤니티를 구축하고 관리하는 것은 지식을 공유하고, 영감을 얻으며, 서로를 지지하는 환경을 조성하고 유지하는 것이 중요해. 다음은 효과적인 저자 커뮤니티를 만들고 관리하는 몇 가지 방법에 대해 알려줄게.

[방법 1] 커뮤니티 목적 정의: 커뮤니티의 목적과 목표를 명확히 정의해야 해. 이것은 커뮤니티의 방향성과 활동을 안내하는 기준이 되거든. 예를 들어, 목적이 '초보 저자들을 위한 지원과 격려'일 수 있지.

[방법 2] 적극적인 참여 유도: 커뮤니티 멤버들이 적극적으로 참여하도록 격려하는 것은 1대1로 해야 해. 정기적인 온라인 미팅, 작성 진행 상황 공유, 피드백 세션 등을 통해 멤버들이 서로의 작업에 관심을 가지고 참여할 수 있도록 유도하는 것은 절대 잊으면 안 돼. 현업이 더 우선적이고 바쁘다 보니, 관심을 두지 않으면, 본래의 루틴에서 절대 빠져나오지 못하기 때문이야.

[방법 3] 경험 공유: 저자로서의 여정에서 얻은 경험을 공유하는 것이 중요해. 이는 다른 저자에게 실질적인 조언과 영감을 제공하며, 비슷한 도전을 겪고 있는 사람들에게는 위안과 지지가 될 수 있기 때문이야.

[방법 4] 네트워킹 이벤트 개최: 워크숍, 세미나, 작가와의 만남 등 네트워킹 이벤트를 정기적으로 개최하는 것을 시도해 보면 어떨까. 이러한 이벤트는 지식을 공유하고, 새로운 관계를 형성하는 데 도움이 되거든. 문제는 시작보다는 지속해서 유지를 하는 것이야. 그것이 가장 어렵거든. 많은 고민과 전략 그리고 끈질긴 실행력을 요구하기 때문이야.

[방법 5] 온라인 플랫폼 활용: 소셜 미디어 그룹, 포럼, 블로그 등 온라인 플랫폼을 활용하여 커뮤니티를 확장하고, 더 많은 저자와 연결될 수 있도록 하는 거야. 자신만의 색깔을 만들어 가는 거지.

[방법 6] 정기적인 피드백과 개선: 커뮤니티가 지속해서 성장하고 발전할 수 있도록 멤버들로부터 정기적으로 피드백을 받는 것도 중요해. 또한, 커뮤니티 운영 방식을 개선하고 새로운 아이디어를 도입하는 데 이 피드백을 활용하는 것은 적극적인 참여를 유도하는 데 매우 중요하게 챙겨야 할 행동이야.

커뮤니티는 너의 책 쓰기 여정에서 소중한 지원을 제공하게 될 거야. 서로의 경험을 공유하고, 서로를 격려하며, 함께 성장하는 과정에서 큰 도움을 받을 수 있지. 커뮤니티를 운영하다 보면, 네가 혼자가 아니라는 사실을 깨닫게 될 거야. 좋은 사람들끼리의 커뮤니티는 서로를 위하고 공감하며 좋은 에너지를 나누어 주기 때문이야. 그러한 커뮤니티와 함께라면 너도 지속해서 책을 만들어 낼 수 있을 거야.

콘텐츠 개발을 위한 워크숍 진행 방법

ERiC Story 워크숍은 제거^{Eliminate}, 축소^{Reduce}, 혁신^{innovation}, 도전^{Challenge}의 원칙을 기반으로 하여, 참가자들이 자신의 목표를 달성하고, 새로운 도전에 대한 자신감을 갖출 수 있도록 지원해주는 것이야. 이 워크숍은 특히 책을 쓰고자 하는 이들에게 중요한 가치를 제공하게 돼. 그들이 책 쓰기라는 도전에 나서는 데 필요한 동기와 자신감을 얻을 수 있도록 돕기 때문이야.

[방법 1] 제거Eliminate: 이 단계에서는 책 쓰기 과정에서 방해가 되거나 필요하지 않은 요소들을 식별하고 제거하는 방법을 탐색하는 단계야. 예를 들어, 쓰기에 대한 불필요한 두려움이나 자신에 대한 의심과 같은 정서적 장벽을 제거할 수 있어.

[방법 2] 축소Reduce: 여기서는 책 쓰기 과정을 보다 효율적으로 만드는 데 필요한 요소들을 최적화할 수 있어. 예를 들어, 글쓰기에 할애하는 시간을 조정하거나, 책의 범위를 현실적으로 조정하는 것이 포함될 수 있지.

[방법 3] 혁신Innovation: 이 단계에서는 창의적이고 혁신적인 콘텐츠 개발 방법을 모색할 수 있어. 참가자들은 새로운 아이디어를 발굴하고, 독특한 시각을 책에 반영하는 방법을 찾도록 유도할 수 있지.

[방법 4] 도전Challenge: 마지막으로, 참가자들은 책을 완성하는 것과 같은 구체적인 목표를 설정하고, 이를 달성하기 위한 계획을 수립해보는 거야. 이 과정은 참가자들이 자신의 목표에 도달하는 데 필요한 단계와 전략을 명확히 하는 데 도움을 줄 수 있어.

ERiC Story 워크숍은 참가자들이 자신의 책 쓰기 프로젝트에 대해 더 깊이 생각하고, 창의적인 접근 방법을 발전시킬 기회를 제공할 수 있어. 이 워크숍은 책 쓰기라는 개인적 도전을 넘어서, 참가자들이 자기 생각과 경험을 효과적으로 표현하고, 자신만의 독특한 이야기를 세상과 공유할 수 있는 자신감을 느끼도록 격려하는 과정이기도 해.

이렇게 ERiC 원칙을 적용한 워크숍은 참가자들에게 책 쓰기 과정에서 직면할 수 있는 다양한 장애물을 극복하고, 그들의 창작 과정을 더욱 풍부하고 의미 있게 만들어줄 수 있는 것이 강점이야. 이 워크숍은 책을 쓰고자 하는 모든 이들에게 책 쓰기의 여정을 시작하는 데 필요한 실질적인 도구와 지침을 제공해주거든. 나의 경우는 이러한 방법을 통해 4권의 HR 공저를 출간했어. 무엇보다 좋았던 것은 함께 책을 써가는 과정과 이들 저자와의 유대관계를 지속할 수 있다는 것이야.

3. 시인: 누구나 시인이 될 수 있는 방법이 있다고?

시를 쉽게 쓰는 방법

시를 쓰는 방법은 아주 간단해. 그냥 내 생각을 형식에 구애받지 않고 일단 쓰고 보는 거야. 시 쓰기는 자신의 감정과 생각을 예술적으로 표현하는 뛰어난 방법이기 때문에 자 자신의 본질을 발견하는데 큰 도움이 돼. 책을 쓰고 싶지만 망설이는 분들에게 시 쓰기는 자기 내면을 탐색하고 표현하는 데 있어 자신감을 불어넣을 수 있어. 중요한 것은 매일매일 주변에 관한 관심을 기울이고, 그에 따른 자기 생각이나 감정을 반복적으로 기록하는 것이 중요해.

[방법 1] 매일 관찰하고 기록하기: 시의 영감은 일상에서 찾을 수 있

어. 매일 주변 환경에 관해 관심을 기울이고, 느낀 점이나 생각을 간단히 기록하는 거야. 예를 들어, 아침에 보는 일출, 거리의 사람들, 자연의 소리 등 일상 속 작은 것들이 시의 주제가 될 수 있어.

[방법 2] 감정과 상황 연결하기: 시를 쓸 때는 특정 상황과 그 상황에서 느끼는 감정을 연결하는 것이 중요해. 예를 들어, 비 오는 날의 쓸쓸함, 화창한 날의 기쁨과 같이 감정을 효과적으로 표현해 보는 거야. 다시 강조하지만, 형식은 중요하지 않아. 그냥 그대로의 감정을 글로 표현하는 것이 중요해.

때시(詩): 상황과 감정을 연결하는 방법

'때시詩'는 특정한 순간과 그 순간에서 느껴지는 감정을 시로 표현하는 창의적인 방법이야. 시의 여러 장르가 있겠지만, 그냥 내가 만들어낸 시의 장르야. 이는 일상의 순간들을 예술적으로 변환시키는 연습으로, 책을 쓰고 싶지만 시작하기 어려워하는 이들에게 감정과 생각을 표현하는 연습이 될 수 있어.

[방법 1] 일상의 순간 선택하기: 너의 일상에서 의미 있는 순간을 하나 선택해봐. 이 순간은 평범한 것처럼 보일 수도 있지만, 그

안에는 특별한 감정이나 생각이 숨어 있을 수 있어.

[방법 2] 감정 표현하기: 선택한 순간에서 느끼는 감정을 솔직하게 표현해 봐. 이 감정은 기쁨, 슬픔, 놀라움, 쓸쓸함 등 다양할 수 있으며, 이를 시에 담아보는 거야. 그냥 그 상황에 나의 감정을 기록해 보는 거지. 역시, 형식은 없어, 그냥 솔직한 너의 감정을 기록하면 돼. 그게 끝이야.

[방법 3] 창의적인 표현 사용하기: 너의 감정과 생각을 독특하게 표현하기 위해 비유, 상징, 은유 등 창의적인 언어를 사용하면 정말 아름다운 시를 지을 수 있어. 이러한 언어적 기법은 시에 깊이와 아름다움을 더해 주기 때문이야. 밥을 할 때도 보면 마지막에 '뜸'을 들이잖아. 시도 마찬가지야, 상황 속에 나 자신을 몰입시키다 보면, 바로 그 뜸을 들이는 순간에 나만의 멋진 생각이나 감정을 발견하게 돼.

[방법 4] 반복적으로 연습하기: 시 쓰기 기술은 반복적인 연습을 통해 향상되는 것은 당연한 거지. 매일 시를 쓰는 습관을 들이고, 다양한 주제와 감정에 도전해보는 거야. 처음 '때시(詩)'를 쓰기 시작하면서 1년 반 동안 512편의 시를 쓰면서, 나에 대해 많은 것을 발견하게 된 것 같아.

시 쓰기는 정말 자기 내면을 탐색하고 표현하는 훌륭한 방법이야. 이는 책을 쓰는 데도 중요한 기술이 될 수 있어, 네가 전달하고자 하는 메시지를 보다 효과적으로 전달할 수 있게 해주거든. 시를 통해 너의 감정과 생각을 자유롭게 표현하며, 책 쓰기에 대한 자신감을 키워봐. 아마도 어느 순간에 정말 놀라운 너의 모습을 발견하게 될걸.

A=B(詩): 언어 정의를 통해 새로운 관점을 발견하는 방법

책을 쓰는 데 있어서 'A=B(詩)'는 매우 효과적인 접근 방법이 될 수 있어. 이는 언어를 스스로 재정의함으로써 생각과 행동이 동시에 변화할 수 있다는 개념에서 기반하거든. 예를 들어, '행복'이라는 단어를 '가족과 보내는 시간'으로 재정의한다면, 우리의 생각과 행동은 자연스럽게 가족과의 시간을 중시하는 방향으로 변화하게 되겠지. 이러한 언어의 재정의는 새로운 관점을 발견하는 데 도움을 주기 때문이야.

A=B(詩)는 일상적인 개념이나 객체에 새로운 의미를 부여하는 시적 접근 방법이야. 이 방법을 통해, 책을 쓰려는 연습을 해보는 거야. 자기 생각과 감정을 새롭고 창의적인 방식으로 표현하는 방법을 익히는 거지.

[방법 1] 개념 선택: 일상에서 자주 접하는 개념이나 객체를 선택해봐. 예를 들어 '비', '나무', '커피' 등이 될 수 있겠지.

[방법 2] 새로운 의미 부여: 선택한 개념이나 객체에 새로운 의미를 부여해봐. 예를 들어, '비'를 '재생의 시작'으로, '나무'를 '인내의 상징'으로 재해석할 수도 있지.

[방법 3] 시적 표현 사용: 이 새로운 의미를 바탕으로 시를 지어보는 거야. 여기서는 비유, 상징, 은유 등 다양한 시적 표현을 사용하여 깊이와 아름다움을 더할 수 있어.

[방법 4] 100편의 시 작성 도전: A=B(詩) 방식을 사용하여 100편의 시를 작성해보는 것을 목표로 삼아보면 어떨까. 이는 창의력을 발휘하고, 다양한 감정과 생각을 탐색하는 데 도움이 되거든.

A=B(詩) 방식은 일상적인 것들에 새로운 의미를 부여함으로써, 책 쓰기 과정에 필요한 창의적인 사고를 갖도록 해주거든. 이 방법은 너의 생각과 감정을 더 깊고 다양하게 탐색하도록 도와주며, 이러한 탐색은 책 쓰기에 있어 중요한 영감의 원천이 될 수 있어. 너도 충분히 할 수 있어. 자신만의 독특한 언어와 시를 통해 새로운 관점을 발견하고, 책 쓰기의 여정을 시작해봐.

몰입과 시작詩作: 짧은 시간에 다양한 시를 창작하는 방법

책을 쓰고 싶은 용기가 부족하다면, 시 쓰기 몰입을 통해 창작을 시작하는 데 도움이 될 수 있어. 몰입은 창작 과정에서 중요한 역할이며, 이를 위한 효과적인 방법의 하나는 관심사에 대해 연결되는 질문을 반복적으로 던지면서 연습을 하는 것이 중요해.

[방법 1] 관심사 찾기: 먼저, 자신의 관심사를 나열해 보는 거야. 5개, 10개 등 생각이 나는 대로 충분하게 나열해 보는 거지. 이것은 취미, 자연, 일상생활의 사소한 순간 등 어떤 것이든 상관없어.

[방법 2] 질문 반복하기: 관심사에 관한 질문을 만들고, 이 질문을 다양한 방식으로 반복해서 던져보는 거야. 예를 들어, '바다'에 대한 관심이 있다면 "바다는 어떤 감정을 불러일으키나?", "바다에서 가장 인상 깊은 순간은 무엇인가?"와 같은 질문을 할 수 있지.

[방법 3] 질문에 대해 탐색하기: 각 질문에 대해 생각하고 답을 탐색해 보는 거야. 생각의 여행을 떠나보는 거지. 이 과정에서 자신의 감정과 생각을 자세히 살펴보는 것이 중요해.

짧은 시간에 시를 창작하려면, 역시 순간적인 몰입이 중요해. 짧은 시간 안에 다양한 시를 창작하는 방법에 대해 알려줄게

[방법 1] 시간 설정하기: 일정한 시간을 정해두고, 그 시간 동안만 시 쓰기에 집중하는 거야. 예를 들어, 하루에 15분 동안만 시

쓰기에 몰입하는 시간을 정해두고, 이를 반복하는 거지.

[방법 2] 빠르게 쓰기 연습하기: 주어진 시간 동안 생각을 멈추지 말고, 무엇이든 떠오르는 대로 글을 써보는 거야. 주제나 형식에 대해 고민하기보다는 그냥 생각나는 것을 나열하는 것이 중요해 이는 창의적인 사고를 자극하고, 새로운 아이디어를 끌어내는 데 정말 도움이 되거든.

[방법 3] 시의 형태 실험하기: 자유시, 정형시, 단편시 등 다양한 형태의 시를 시도해봐. 각각의 형태가 다른 종류의 창의성을 자극할 수 있어. 어짜피 뜸을 들이는 건 나중에 해도 되기 때문에 양적에 집중해서 작성해 보는 거야.

[방법 4] 일상에서 영감 얻기: 일상에서 경험하는 사소한 순간들로부터 영감을 얻어 시를 써보는 것은 어떨까. 일상의 순간들이 시에 생동감을 불어넣을 수 있기 때문에 보다 관심이 가고 흥미로운 것들에 대해 기록을 해보는 거야.

몰입과 시작^{詩作} 방법은 책 쓰기를 시작하는 데 있어 자신감을 높이는 데 정말 많은 도움이 되거든. 자기 생각과 감정을 시로 표현하며 창작에 대한 두려움을 극복하고 책 쓰기의 첫걸음을 떼어보면 어떨까. 시 쓰기를 통해 자신만의 독특한 목소리를 발견하고, 창작의 세계에 몰입해 보는 거지. 너는 분명히 할 수 있어. 여기까지 글을 읽고 있었다면, 이미 반쯤은 시작해 버렸을 걸.

4. 강의: 책 출판과 강의 연계는
어떻게 해야 하는 거니?

책을 출판하는 것은 많은 작가에게 중요한 단계이며, 이와 연계된 강의 기회는 자신의 콘텐츠와 지식을 더 널리 퍼뜨리는 데 큰 역할을 하게 되거든. 강의를 통해 저자는 독자들과 직접 소통하고, 자기 생각과 경험을 공유할 기회를 가질 수 있지. 특히 새로운 환경에 적응하고, 새로운 지식을 습득하며 활용하는 것이 무엇보다 중요해.

아줌마 성공: Zoom으로 3만 5천 명 강의 스토리

Zoom을 활용한 온라인 강의는 새로운 기회의 장을 열어주었어. 《아줌마: 아하 나도 줌(Zoom)마스터》를 출간했던 것이 팬데믹

위기를 극복할 수 있는 기회가 되었는데, 그 이야기를 들려줄게.

[방법 1] 새로운 환경에 적응하기: 디지털 플랫폼과 같은 새로운 환경이 발생하면 그 즉시 무엇을 배워야 하는지를 탐색하고 곧바로 적용하려는 노력이 중요해. 1,000명을 모집하여 3시간동안 오프라인 강의를 하려고 하면, 강의장 부터 진행 요원 등 3천여만원이 들지만, Zoom을 활용하면 5백원도 들지 않으니, 콘텐츠와 Zoom을 잘 활용만 한다면 누구나 손쉽게 대규모 강의를 기획 및 운영을 할 수 있게 되는 시대가 된거지.

[방법 2] 끝장을 보는 마음가짐: 강의 기회가 생겼을 때, 그 기회를 최대한 활용할 수 있는 '끝장을 보는' 마음가짐도 필요해. 이는 강의 준비에 있어 철저함과 전문성을 갖추는 것이 중요하지. 온라인 강의라고 하지만, 생방송으로 진행을 하는 것과 같으므로 반복적인 리허설을 통해 Zoom 활용법 등 익숙함을 가지지 않으면, 강의나 행사를 제대로 할 수가 없지. 대부분의 강사가 오프라인 강의 하듯 Zoom으로 온라인 강의를 하다 보니, 운영상의 문제를 비롯하여 강의 만족도가 떨어져 당황한 경우가 많았었지.

[방법 3] 새로운 지식 습득과 활용 집중: 빠르게 변화는 환경과 디지털 변화의 가속화 시대에는 지속적인 학습과 새로운 지식을 습득하여 빠르게 강의의 질을 높이는 것이 중요해. 강의 내용을

최신 상태로 유지하고, 관련 분야의 새로운 트렌드와 정보를 빠르게 습득하고, 자신의 콘텐츠로 만들어 내는 능력이 중요해진 거지.

[방법 4] 대규모 청중과의 소통: Zoom을 활용한 강의는 최대 1,000명을 비디오 화면을 통해 청중과 소통할 수 있어서 이전의 오프라인의 한계를 넘어 다양한 행사나 강의를 손쉽고 빠르게 기획하여 운영할 수 있게 되었지. 중요한 것은 청중과의 상호작용 방법을 개발하여 능숙하게 활용할 수 있어야 하며, 청중 모두가 동시에 참여할 수 있는 강의 구성이 중요해.

Zoom을 통한 강의는 저자에게 새로운 도전이자 기회가 분명한데 이를 잘 활용하지 못하고 있는 것은 매우 안타까운 일이야. Zoom만으로도 자신의 책과 아이디어를 더 넓은 대중에게 전달할 수 있고, 저자로서 영향력을 확장하는 데 큰 역할을 할 수 있는데 단순한 사용법에만 머물다 보니 그 이상의 것을 계획하지 못하고 있는 것 같아. 디지털 기술에 대한 적응, 새로운 지식의 습득, 그리고 대규모 청중과의 효과적인 소통은 이러한 강의를 성공적으로 이끌기 위한 핵심 요소로 반드시 습득해 두어야하거든. 책 출판과 강의를 연계함으로써, 저자는 자신의 지식과 경험을 공유하고, 더 많은 사람에게 영감을 줄 수 있으므로 출판사와 저자가 더욱 활동적인 마케팅을 할 수가 있는 거지.

HR 프로듀서로서의 성장: 강사료의 10배로 늘리기

HR 프로듀서란 온라인과 오프라인 강의를 동시에 진행할 수 있는 새로운 직업을 의미하는데. 내가 만들어 낸 용어야. 오프라인 강의를 온라인과 동시에 진행하는 하이브리드 진행 방식은 다양한 기술의 습득이 필요해. 오프라인 강의를 기획하고 운영하는 것도 만만하지는 않지만, 생방송으로 온라인을 동시에 운영하려면, 관련 장비와 12명 이상의 전문가들이 필요하지. 하지만 HR 프로듀서는 이 모든 것을 혼자 진행할 수 있는 직업이야. 방송 카메라, 음향 장비, 마이크, Zoom, OBS, 유튜브, 강의, 진행 사회 등 여러 가지 역할이 필요한데, 나의 경우는 이 모든 장비와 역할을 혼자서 진행을 할 수 있게 된 거지. 그러다 보니 팬데믹 상황에 모두가 힘들 때, 오히려 회사는 성장의 기회를 잡게 된 거지. 수익도 강사료에 비하면 10배가 넘는 금액을 받게 되었지. 사실 고객 입장에서는 3~5천만 원을 들려서 할 행사를 5백만 원에 진행을 하게 되는 셈이니까 비용을 줄일 수 있게 되었지.

디지털 시대에 요구되는 역량에 대해서는 전문적인 기술을 발빠르게 습득하여 발휘할 수 있는 역량을 갖추는 것이 중요해. 이러한 역량을 갖추기 위해 지속적인 학습은 물론, 실제 경험을 통한 반복 연습에 집중해야 해. 이 과정에서 차별화된 강의

스타일과 내용을 개발하고, 이를 통해 청중에게 독특하고 가치 있는 경험을 제공하게 되는 것이지. 이를 위해 자신만의 능력과 지식을 융합하여 새로운 경쟁력을 발휘함으로써, 강의 시장에서 살아남을 수 있었던 것 같아.

물론, 강사로서의 전문성을 강화하는 것이 중요하지만, 그것이 충분하지는 않아. 청중에게 지식과 경험을 효과적으로 전달하는 또 다른 능력도 갖추어야 해. 이 두 가지 요소, 즉 전문성과 효과적인 전달을 위한 디지털 도구의 활용 능력이 결합하면 강사로서의 가치가 매우 증가하게 되지. 그러므로, 자신의 전문성을 끊임없이 강화하고, 청중에게 지식과 경험을 효과적으로 전달하는 방법을 개발하는 것도 중요해.

HR GPTer: 7천 명에게 ChatGPT 활용법 강의 스토리

'HR GPTer'로서, 7천 명의 사람들에게 ChatGPT 활용법을 강의하는 것은 단순한 업무보다 더 큰 의미가 있어. 이는 최신 기술과 지식을 습득하고 현장에 적용하는 것의 중요성을 강조하는 역할을 하기 때문이야. 이러한 능력은 빠르게 변화하는 시장에서 경쟁 우위를 확보하는 데 중요한 역할을 하게 된다는 거지.

ChatGPT와 같은 첨단 기술을 배우고 가르치는 것은 HR 전문가들이 최신 트렌드를 따라가고, 기술을 활용해 생산성을 향상하며, 혁신적인 해결책을 제공하는 데 필수적이야. 이러한 지식과 기술의 습득은 단순히 정보를 얻는 것 이상의 의미가 있으며, 이를 통해 HR 전문가들은 자신의 전문성을 강화하고 시장에서의 경쟁력을 높일 수 있어.

또한, 지속적인 학습과 이러한 고급 기술의 적용에 대한 반복연습은 효과적인 교육과 HR 전문가들의 전문 능력을 풍부하게하는 열쇠가 되기도 하지. 이를 통해 HR 전문가들은 기술 트렌드에 뒤처지지 않고, 능동적으로 변화하는 시장 환경에 대응할수 있게 될 거야.

이 책을 쓰다 보니, 단순한 글쓰기 과정을 넘어 깊이 있는 통찰을 얻게 된 것 같아. 확실히 자신이 가진 아이디어와 경험, 그리고 생각을 책의 형태로 표현하는 것은 자신감과 용기가 있어야하는 도전인 것 같아. GPT와 같은 AI 도구를 활용하면 책을 쓰는 데 필요한 시작점을 찾는 데 큰 도움이 될 거야. 또한, 네트워킹과 워크숍을 통해 창의력을 발휘하고, 자신만의 독특한 캐릭터를 개발하는 것이 중요해. 시 쓰기를 통해 감정을 탐구하고, 강의를 통해 지식을 공유하면서 자신만의 이야기를 만들고 세상에 전해 보는 노력을 지속해서 시도해 보는 것이 중요해.

지금, 이 순간, 용기를 내어 책 쓰기의 첫걸음을 내딛는 것이 가장 중요하지. 너 스스로가 할 수 있다는 것에 믿음을 가져봐. 그동안 이야기했던 책 쓰기 방법을 통해 즐겁고 흥미로운 여정 속에 영감과 자신감을 불어넣고, 새로운 창작의 힘을 발휘하는 데 도움이 되길 바랄게.

흔들의자

광고인 출신 출판인. 본명보다 출판사 이름인 '흔들의자'로 더 알려져 있다. 나이 오십에 ISBN도 모르고 시작한 출판 10년을 버티며 평생 현역으로 사는 기술을 습득했다. 일곱 권의 책을 쓰고 출판사의 관점에서 본 프로젝트에 참여했다. 이런 일 저런 일 겪다 보니 광고 37년, 출판 12년. 해보지 않은 것에 도전이 익숙한 그는 여전히 크리에이터를 꿈꾸는 평생 현역으로 저서로는 《오십에 시작하는 1인 출판》, 《퍼블리싱 광고 마케팅》, 《영어비빔밥 Help Yourself》, 《명언 그거 다 뻥이야. 내가 겪어보기 전까지는(권수구 공저)》, 《아니 이거詩(권수구 공저)》, 《인생을 이끌어 줄 일곱단어》, 《하지마라 하지 말라면 하지 좀 마라》가 있다.

아직 당신의 이야기는
책으로 나오지 않았다.

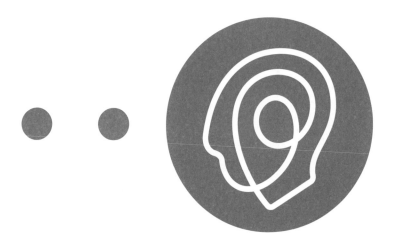

1. 출판사 대표가 말하는
   책을 쓴다는 것은?

글쓰기와 책쓰기는 무엇이 다를까?

한마디로 정의할 수 없겠지만 글쓰기는 쓰고 싶은 것을 무작위로 추출해 나열해도 된다. 반면에 책쓰기는 일련의 콘셉트에 연결되게 맞추어야 하는 부담이 있다는 것이 아닐까 싶다. 예를 들면 구슬 목걸이를 만들려면 구슬을 하나하나 꿰어야 한다. 그러나 목걸이에 조개껍데기나 나무토막, 돌멩이가 끼워져 있다면 원하는 예쁜 목걸이를 만들지 못할 것이다.

글쓰기에 관한 명언 중 "제대로 쓰려 말고 무조건 쓰라."라는 조지프 써버의 말은 글쓰기에 대한 두려움을 떨쳐 버리는 데 위안이 되지만 책을 쓴다는 것은 '무조건 쓰는 것'을 넘어 연관되는 글감을 '어떻게 연결할 것인가'의 차원이다.

책쓰기는 '예쁜 목걸이를 완성하는 작업'과 같다고 생각한다. 사랑하는 사람의 목에 예쁜 목걸이를 걸어 주기 위해 애정을 담아 정성껏 만들어야 할 필요가 있다. 책을 쓴다는 것은 '출간의 목적'이 있는 것이다. 당신이 공들여 쓴 글이 책이 되지만 독자의 손에 쥐어지기 전에 먼저 우리나라의 출판 업계에 대해 개략적으로 알아볼 필요가 있다.

한국출판문화산업진흥원 '2022년도 하반기 KPIPA 출판산업 동향 통계 및 심층분석' 자료에 의하면 우리나라 출판사 수는 75,324개이다. 이는 35,626개(2010년), 44,148개(2013년), 53,574개(2016년), 62,983개(2019년). 75,324개(2022년)로 3년마다 만 단위의 숫자가 바뀔 만큼 출판사는 증가하고 있다. 이 추세라면 2031년에는 10만 개의 출판사가 있게 될 셈이다. 또한 연간 신간 도서 발행은 80,602종으로 매일 221권의 새 책이 나오고 있다.

누구나 자기 이름으로 된 어엿한 책을 갖고 싶어 한다. 죽기 전에 책 한 권 쓰는 것이 '버킷리스트'인 사람도 많다. '그 많은 책 중에 왜 내가 쓴 책은 없을까?' '출판사는 왜 내가 쓴 글에 관심을 보이지 않을까?' 변명 같지만, 당신의 심정을 잘 아는 출판사도 있고, 출간 도서가 많더라도 당신의 글이 출간되지 못하는 이유를 출판사 처지에서 알려주고 싶다.

첫째, 출판사 수에 비해 실제 운영하는 출판사가 적은 이유다. 연간 1종 이상을 발행한 출판사는 9,281개(2022년 기준). 무실적 출판사는 87.7%로 12.3%만 출판을 하고 있다. 그 많은 출판사 중 66,043개는 '출간 휴무'란 뜻이다. 출판사 수에 비해 실제 운영하는 출판사가 적어 출간 기회도 상대적으로 적은 것이다.

흥미로운 것은 9,281개의 출판사 중, 1종만을 발행한 출판사가 41.7%(3,866개), 5종 이하를 발행한 출판사가 74.2%(6,891개)로 전체의 약 3/4(75%)을 차지한다. 세분화하면 1~5종을 출간하는 출판사가 9.1%, 6~10종 출간하는 출판사가 1.3%이다. 전체의 10.4%를 차지하는 출판사가 연 10종 이하 출간으로 대형 출판사와 작은 출판사 간의 발행 종수 차이가 크다.

둘째, 제작비의 문제다. 일반적으로 단행본의 책값은 출판사가 책정한다. 출간될 도서를 제작하는데 드는 모든 비용을 합산하여 지급될 비용을 공제하고 순이익을 계산해 책값을 결정한다.

책값에는 저자 인세, 인쇄 제작비, 편집료, 서점 공급률, 마케팅 비용 그리고 이미 출간된 경쟁 도서와의 비교 등이 종합적으로 계산된다. 이를 근거로 발간 여부를 결정하지만 아쉽게도 출간 원고 대부분은 출판사 자체 기준(손익분기점)을 넘기기가 쉽지 않아 당신의 글이 '출간 거부'가 되는 것이다.

일반적으로 책꽂이에 있는 책은 신국판 규격(152*225mm)이다. 표지는 4도 전면 컬러, 본문은 보통 두 가지 색, 표지 라미네이팅, 무선 제본, 260~300 페이지 분량이 보통이다. 이를 바탕으로 초판 발행 부수를 1,000부를 제작했을 때(요즘은 초판 1,000부 발행이 제일 많다.) 출간에 필요한 비용을 솔직하게 계산해 '왜 출간 거부가 더 많은지' 이해를 구하고 싶다.

1) 저자 인세(저작권료)

저자 인세는 책값의 10%가 일반적이다. 책값이 17,000원이면 초판 1,000부 발행 시, 170만 원의 저자 인세를 지급한다. 초판의 경우는 출판권 설정에 따른 계약금의 역할도 겸한다. 때문에 도서 판매와 상관없이 계약일이나 발행일에 연동해 선지급되는 것이 관례이지만 모든 출판사가 그런 것은 아니다.

2) 표지 및 본문 편집 디자인 비용

표지 디자인 비용은 100~150만 원이다. 본문 편집 비용은 페이지 당 보통 6천 원 정도로 170~200만 원(260~300p). 따라서 한 권의 책이 만들어지는 편집비용은 대략 270~350만 원이다.

3) 종이값, 인쇄비, 제본비 등 순수 지출 비용

자체 인쇄소를 보유한 출판사는 거의 없다. 위의 사양으로 계산하면 1,000부 인쇄 시 보통 300만 원 내외이다. (2024년 기준)

4) 단행본 도서의 순수 출간 비용의 합산

앞 장을 근거로, 신국판 사이즈 260~280p, 본문 2도, 표지 4도 컬러, 표지 코팅 및 무선 제본으로 1,000부를 제작하는 데드는 순 비용은 740~820만 원(저자 인세 170만 + 편집 디자인 270~350만 + 인쇄·제본비 300만) 정도이다.

여기에 별도로 1부당 100원의 도서 배본비와 재고 보관을 위한 창고비용 등 물류·유통비용, 홍보·마케팅 비용 등 추가 비용이 든다. 하지만 그것은 출판사 재량의 사항으로 위 비용을 근거로 계산하면 1부당 실제작비는 8,000원 내외이다.

5) 서점 출고가(서점 공급률)

그렇다면 정가 17,000원짜리 책을 팔면 권당 9,000원이 출판사의 이익 아닙니까? 라고 할 수도 있겠지만 그건 아니다. 서점에서 판매되는 비용이 빠져있다. '공급률'이라 하는 이것은 통상 정가의 65%이다. 책값이 17,000이면 출고가는 11,050원이다.

따라서 도서 한 권당 판매 시 수익은 11,050원 - 8,000원 = 3,050원이다. 여기에 미포함된 인건비, 물류비, 홍보 마케팅 비용, 경상비 등을 공제하면 출판사의 이익이 크지 않다는 것을 알 수 있다. (물론 50,000부 판매나 100,000부, 100만 부 판매 등 소위 '대박'을 치는 책을 출간할 경우, 수익은 어마어마하게 불어난다.)

이 때문에 저자가 출판사에 원고를 보내면 검토는 하되 본능적으로 계산기를 두드릴 수밖에 없다. 작은 출판사의 경우 초판 800부~1,300부가 판매되어야(임대료, 직원 수, 경상비 등 고정 지출 비용에 따라 차이 큼) 손익분기점을 넘기는데 웬만한 원고는 2,000부는커녕 1,000부 판매도 5년~10년 걸리는 경우가 많다. 따라서 출판사의 규모와 상관없이 저자의 원고를 검토하는 과정에서 대부분은 출간이 거절되는 것이다.

하지만 출판사가 크든 작든 출판은 사업이니까 절대적 비용은 투자해야 한다. 따라서 투자자인 출판사가 저자의 원고를 흥미롭게 보지 못하면 위에 열거한 여러 지출 항목을 감당하고 책을 출간할 이유는 없다. 출판사가 출간 여부를 판단하는 기준은 다음 다섯 가지가 일반적이다.

1. 원고의 주제는 확실한가?
2. 저자의 전문 경력은 어떠한가?
3. 기발행된 도서와 차별성은 무엇인가?
4. 원고의 대중성이 있는가?
5. 저자의 SNS 활동력은 어떠한가? 등으로 정리할 수 있다.

이 다섯 가지 사항에 부합되는 자격을 갖춘 원고라면 신입 저자라도 다음과 같은 답장 메일을 받게 된다.
"계약서를 보내드립니다."

2. 출판사는 왜
   실용서를 더 선호하는 걸까요?

결론부터 얘기하면 인문, 교양, 역사, 과학, 예술, 시, 자연, 소설… 등 전 분야에 걸쳐 양질의 서적은 계속 출간되어야 한다. 하지만 모든 책이 수익이 나는 것은 아니다. 출판사의 처지에서 보면 실용서가 손익분기점을 넘길 가능성이 크기 때문에 출판사 규모에 상관없이 실용서 출간에 더 눈길을 주는 것이다.

하루에도 수백 종의 신간이 서점에 자리한다. 하지만 그 많은 책이 서점 매대에 놓여 있는 기간은 얼마나 될까 궁금하지 않은가? 출간 후 2주는 지인들의 구매로 매대를 지키는 게 보통이지만 길어야 3주다. 그러나 출간 1개월이 되면 1주일에 한두 권 정도 판매되다 2개월이 되면서 판매량은 거의 '0'이 되고, 서점으로부터 반품이 들어오기 시작한다.

결국, 대부분의 신간은 지인 판매가 되고 마는 절차를 밟는데, 이유를 꼽으라면 '실용서가 아닌' 경우가 많다고 할 수 있다.

경험을 글로 나누는 책이 실용서이다. 실용서는 문학이나 감성적인 내용을 담은 것이 아니라, 현실 생활에 직접적인 도움이 되는 책이다. 부동산 투자나 증권 수익 등 주로 '돈 많이 버는 방법을 알려 주는 책'으로 인식이 돼 있지만 꼭 그런 것만은 아니다. 빵 맛있게 굽는 방법이나 반찬 후다닥 만드는 법, 대바늘 뜨개질 수업 등도 모두 실용서의 범위에 있는 것이다.

실용서는 그것을 필요로 하는 사람에게 실제적 도움을 주는 참고서적이다. 출간 2개월이 지나 반품이 들어오기 시작하는 책이 아니라 시간이 흐른 후에도 그 책을 필요로 하는 독자가 있어서 출판사는 실용서 출간을 더 좋아한다고 볼 수 있다.

글 쓰는 법을 알려 주는 책, 책 쓰는 책도 실용서다. 최근 3년간 글쓰기에 관한 책이 756종, 책 쓰기는 225종이 출간되었는데, 2022년에만 글 쓰는 방법에 관한 책이 282종, 책 쓰는 법을 알려 주는 책이 69종이다.
또한 2022년 새해 벽두부터 NFT 열풍으로 그에 관한 책이 총 113종이 출간되었다. 1월에만 10종, 2월까지 17종 등 상반기에 60종이 출간된 것을 보면 실용서 발간의 이유를 알 수 있다.

아울러 2023년은 '챗GPT의 해'라고 해도 과언이 아닌데 한 해 동안 발행된 도서만 298종이다. (YES24 DB 참조) 이 책들의 공통점은 초등학생용, 중·고생용, 대학생용, 성인용 등 타깃을 세분화 한 것이다. 따라서 책을 처음 쓰는 저자는 타깃을 구분하여 경험을 담은 실용서를 쓰는 것이 좋다.

출판사가 선호하는 원고는 독자의 삶에 이바지하는 원고이다. 실용서는 '경험을 나누는 일'로 독자의 생활에 기여한다. 경험이 축적된 책이다. 얄팍한 상술보다는 독자에게 '경험의 확대 재생산 아이디어'를 준다. 더 나은 삶을 위해 '힌트와 영감'을 주는 책, 책에 있는 대로 따라만 해도 '나도 할 수 있네.'라는 확신을 주는 책을 발간하고 싶은 것이다. 독자의 삶에 필요한 정보를 주제에 맞게 이거저거 연결하면 실용서가 되는 것이다.

실용서 임을 쉽게 아는 방법은 책 제목이나 부제목을 보면 된다. #~~하는방법 #알려주는책 #가이드북 #해보기 #전략 #노하우 #따라하기 #기술 #법칙 #비법 #비결 #활용법 #배우기 #정석 #매뉴얼 #사용설명서 #시작하기 #해내기 #스킬 등이 있으면 모두 실용서적이다.

3. 아차! 현역 때 출간할 걸 그랬군!

첫 책을 쓰고 싶은 신입 저자가 간과하는 것 중 하나가 '퇴직 후에 책을 쓰는 것'이다. 이 방법이 나쁘다는 것이 아니라 책은 '현역에 있을 때 출간 하는 것'이 더 좋다는 뜻이다.

출간으로 연을 맺은 저자 중에는 고위 공직자, 은행 지점장, 항공사 사무장, 병원장, 명예교수님도 있다. 모두 30년 이상 각 분야에서 내공이 많은 분으로 훌륭한 삶을 살아 온 것은 맞다. 오랜 세월 동안 서로 다른 분야에서 경험을 쌓은 분들이다. 이분들의 공통점은 '모두 퇴직 후에 출간'을 했다는 것이고 그것은 도서 판매량과 연관이 된다. 책의 내용을 보면 범 국가적인 방향성, 국민 계몽, 삶의 지혜나 후배에게 하고 싶은 이야기 등 책의 콘텐츠나 정보 면에서 조사가 많이 된 독보적인 양서이다. 하지만 책 출간은 부장님 신분이든 팀장이든 이사든 현역에 있을 때 하는 것이 좋다. 왜냐하면 조직 내에 있을 때나 부장님, 이사님, 팀장님이지 '이미 떠난 분'의 영향력은 현직에 있을 때의 파워보다 못하기 때문이다. 책을 쓸 계획이라면 가능한 한 현역 때 출간할 것을 권유한다.

책은 경험으로 쓰는 것이다. 책은 문장력으로 쓰는 것이 아니라 콘텐츠로 쓰는 것이다. 축적된 경험과 수집된 자료로 쓰면 된다. 인터넷에도 없고, 챗GPT에 질문해도 나오지 않는 것. 당신이 가진 경험과 지혜, 조사가 책으로 나오면 되는 것이다. 그것이 당신만이 가진 유니크한 자산이고 정보이고 콘텐츠다.

천성적으로 글을 잘 쓰는 사람도 있다. 글쓰기 연습을 통해 글이 좋아지는 것은 맞다. 하지만 글을 잘 쓰는 사람만이 책을 쓰라는 법은 없다. 축적된 경험만으로도 훌륭한 책의 주제(콘텐츠)가 되고, 경험으로 증명된 정확한 팩트가 독자의 삶에 이바지할 수 있으면 좋은 책을 쓴 저자가 되는 것이다.

우리는 지금 정보의 홍수를 넘어 '정보의 범람' 시대에 살고 있다. 어지간한 정보는 인터넷에 다 있다. 이것을 '지식의 노후화'라 하는데 챗GPT의 유행으로 가짜 정보도 공유되는 실정이다.

시대는 지식을 파는 시대에서 경험을 파는 시대로 바뀌고 있다. 경험이 돈이 되는 시대로 가는 것이다. 당신의 경험이 돈이 되고 돈은 당신의 콘텐츠에서 나온다.

알다시피 책 쓰기 유료 강좌도 많다. 저자가 책을 쓰고 싶은 사람들에게 1:1 혹은 1:소모임의 강의도 많다. 강의하는 주체는 3개월~6개월 정도 글 쓰는 법, 책 쓰는 법을 강의하는데 적게는 500만 원에서, 많게는 1,000만 원의 수업료를 받는다. 책을 발간해 주는 조건은 아니다. 책 쓰는 방법만 알려 주는데 그들이 '졸업 선물'로 주는 것이 '출판사 리스트'다. 1,500개가 넘는 출판사 리스트 EXCEL 파일은 '책 쓰는 법' 강의를 받은 수강생에게 큰 선물처럼 보인다. 하지만 그 많은 출판사에 눈에 띄는 훌륭한 출간기획서를 보낸다 해도 신입 저자가 쓴 원고를 발간해 줄 거라는 기대는 하지 않는 것이 좋다.

출판사에 원고를 보내기 전에 점검할 사항이 있다. 출판사의 활동력과 출간 분야를 먼저 조사해야 한다. 인터넷 서점을 검색하면 출간 종수, 출간 분야, 판매 지수 등을 볼 수 있다. 출판사 블로그도 보아야 한다. 자기의 원고와 결이 맞는 출판사를 선별해 원고를 보내야 한다. 글 쓰는 방법을 배운 것만으로 당신의 글이 책이 되지 않는다. 능동적인 수고를 더 해야 책이 될 수 있다.

4. 출판사가 좋아하는 저자는
따로 있나요?

인지도가 높은 유명인일수록 좋겠지만 보통 출판사가 좋아하는 저자는 베스트셀러를 집필한 저자이다. 어쩌면 당연한 얘기로 이미 출간된 도서가 베스트셀러에 그 이름을 올렸다면 어느 출판사든 쌍수를 들어 환영한다. 하지만 보내온 기획서와 원고가 이미 출판된 도서의 내용을 조금 바꿔 출간하고자 하면 얘기는 달라진다. 초판과는 다른 저조한 판매량을 보일 것도 있지만 더 두려운 건 예리한 독자의 비난 댓글이 달리기 때문이다. 본문 내용이 별 차이 없는 비슷한 콘셉트로, 제목만 트렌드에 맞추어 다른 출판사에 원고를 보내는데 저자는 그러면 안 된다.

두 번째는 전문 분야의 경험자로 그 분야에서 성과를 이룬 저자이다. 사회적으로 지명도가 있으면 더욱 좋다. 어느 분야든지 전문가라는 타이틀을 얻으려면 10년 이상의 경력과 경험이 있어야 한다. 고난 없는 성공이 없듯 저자의 의지가 '끝내 이루다.'라는 내용이면 동종 업계뿐만 아니라 일반 독자에게도 사랑받는 책이 될 수 있다. 책의 뒷부분에 '새로운 도전'을 위한 구상이 담겨 있다면 독자에게 '전망을 제시하는 책'이 될 수 있다.

세 번째는 SNS 활동력을 가진 저자이다. 어느 출판사이든지 출간기획서를 검토할 때, 예의주시해서 보는 항목이 저자의 SNS 활동력과 SNS 링크이다. 가끔 '유튜브 개설 예정'이나 '블로그 실시 예정', '인스타그램 팔로우 150명…' 등 한눈에 보아도 SNS 활동이 별로인 것이 보인다. 이런 상태라면 본문 원고를 대충 훑어 보고 곧바로 휴지통 행이다.

출간 의지가 있으면 '출간기획서'를 보내기 전에 SNS를 먼저 시작하는 게 좋다. 팔로워를 확보해 '내가 이 정도의 영향력을 발휘하는 능력자'라는 것을 보여 주는 것이 좋다. 블로그, 페이스북, 트위터, 인스타그램, 유튜브 등 활동력 있는 근거 자료를 보여야 출판사의 흥미를 끈다. 유튜브 구독자 300,000명, 블로그 하루 방문자 수 2,500명. 좋아요 1,000개, 공유 300개…, 이 정도라면 '출간기획서'의 빈칸을 적당히 채워도 발간될 수 있다. 출판사가 매일 하는 일 중에는 출간기획서를 보내온 저자의 SNS 링크를 방문해서 저자의 SNS 활동량을 확인하는 것이다.

따라서 흥미로운 내용을 주제로 쓴 창의적인 원고나 시의성이 있는 원고, 전문적이고 깊이 있는 내용을 다루는 원고, 자신만의 경험으로 성과를 이룬 원고 그리고 SNS 활동량이 많은 인플루언서로서 대중이 확보된 상태라면 출간 경험이 없는 신입 저자라도 출판사를 고를 수 있는 유리한 위치에 서게 된다.

아울러 모든 출판사가 환영하는 원고는 '공공기관에서 선정'된 출간 예정 원고이다. '한국출판문화산업진흥원'에서 매년 실시하는 〈우수출판콘텐츠 제작 지원 사업〉이 있는데 대한민국 국민이면 누구나 응모할 수 있다. 분야는 인문교양, 사회과학, 과학, 문학, 아동이며 상금도 많다. (보통 2월 초, 인터넷 검색 요망)

신입 저자가 수긍하기 어렵겠지만 '책은 저자가 파는 것'이다. 출판사는 출간까지의 비용을 먼저 지출하고, 저자의 활동력을 지켜보고 응원한다. 저자는 경기장에서 뛰는 선수이고 출판사는 치어리더의 역할이다. 경기장에 있는 선수가 실력도 의지도 없는데 응원할 맛이 나겠는가. 출판사는 출간 초기에 책이 팔리는 동향을 보고 추가로 마케팅 비용을 책정해 홍보하기도 한다. 책이 출간되면 저자는 강연 활동이나 소모임, SNS로 책을 알리는 것에 소홀하면 안 된다. 꾸준한 홍보 활동으로 책의 수명을 늘려야 한다. 대부분 책이 발매 2개월 이내에 세간의 관심에서 멀어지는 이유는 저자의 활동 의지가 동력을 잃었기 때문이다.

5. 책 쓰기 전부터 명심할 네 가지 사항은?

지금은 참여할 자격을 잃었지만, 교보문고 광화문점에서 작은 출판사를 대상으로 매달 시행하던 이벤트가 있었다. 이름하여 '출판사 신간 발표회'. 30종 미만을 출간한 출판사가 그 프레젠테이션에 참여할 수 있는 자격이 된다. 3분 동안 출판사의 신간을 소개하는데, 부상으로 교보문고 중앙복도에 1개월간 진열해 주는 조건이다. (실제로 교보문고 중앙복도에 수북이 쌓아 놓고 1개월 광고하는 비용은 수백만 원이다.) 보통 30여 내외의 출판사가 참여하고 심사는 교보문고 분야 담당 직원과 그곳에 참여한 출판사의 점수를 합산하여 총 10종을 선정한다.

필자도 그 행사에 참여하곤 했는데 승률은 6:4의 승률로 선정되는 기쁨도 있지만 허탈한 마음으로 돌아오는 날도 많았다.

교보문고 신간 발표 PT의 심사 요건은 네 가지. 주제성, 차별성, 대중성, 타깃성이다. 200~300 페이지 분량의 책을 3분이라는 짧은 시간 내에 전문가들 앞에서 설명하기란 쉽지 않다. 아마도 출판사에 출간기획서를 보내는 초보 저자의 입장이나 전문가들 앞에서 프레젠테이션하는 '마음 떨림'의 크기는 더 컸으면 컸지 적지는 않았을 것이다.

작가가 되고 싶다면 출판사에 원고를 보내기 전에, 아니 그보다 먼저 책 쓰기 전, 기획 단계부터 네 가지 사항을 우선으로 고려해서 원고를 집필해 나가기를 권한다.

1. 주제성: 당신의 책은 어떤 책이고 무슨 내용을 담고 있는지가 명확해야 한다.
2. 차별성: 당신이 쓰고자 하는 책이 이미 발행된 책과 다른 점이 무엇이지 잘 표현되어야 한다.
3. 대중성: 당신의 책이 보다 많은 독자에게 읽힐 수 있는 전략적인 성격을 가져야 한다.
4. 타깃성: 당신이 쓰는 이 책은 누구를 위한 책인가, 누가 이 책을 읽어야 하는가 등이다.

이 네 가지 조건은 기획 단계부터 반드시 적용해야 하며, 글쓰기에 돌입할 때, 출판사에 '출간기획서'를 보낼 때도 그것이 잘 표현되어야 출판사도 관심과 흥미를 느끼고 원고를 검토한다.

얼마 전, 어느 출판사 대표를 만난 적이 있는데 '정말 어처구니 없는 일'을 당했다고 푸념을 늘어놓기에 '세상에 참 별의별 인간'도 다 있다 싶었다.

'내가 귀사에 출판기획서와 샘플 원고를 보냈지만, 당신은 그것을 보고 아무 답장이 없다. 그러나 책의 컨셉과 원고 내용이 귀 출판사에 노출이 되었으니 그 비용을 달라.'는 세상에 말도 안 되는 변론을 하더라는 것이었다.

아니 세상에! 출판사에 출간 기획서를 보냈으면 당연히 그 파일을 볼 것이고, 출판사의 방향과 맞지 않거나 출간 의사가 없으면 답장하지 않아도 되는 것 아닌가! 하지만 '출간 기획'이 노출되었으니 그 비용을 내라는 것이 '과연 맞는 것'인지 묻고 싶다.

그날 이후로 그 출판사 대표는 '출간기획서'란 제목으로 메일이 오면 열어 보지도 않고 모두 '스팸 처리' 한다고 했다. 바꿔 말하면, 그 이상한 사람 하나 때문에 자기 책을 내고 싶은 저자의 통로 한 곳을 출간기획서조차 검토할 기회를 막아버린 경우라 할수 있다.

처음 책을 쓰는 저자는 '자기가 쓰는 책'이 세상에서 유일무이하며 더없이 완벽한 것이라 생각할 수 있다. 내 책이 나오기만 하면 베스트셀러는 맡아 놓은 당상이라 착각할 수 있다. '착각은 자유다.'란 말이 왜 나왔는지 곱씹어 봐야 한다.

'어처구니없는 경우를 안겨 준 그 분'에게 한마디 한다면, '그렇게 좋은 컨셉의 책이고 세상 유일무이한 책이고 베스트셀러가 될 거라 확신한다면!' 그냥 자비출판 하세요. 돈도 얼마 들지 않고 인세도 받고, 책 팔아 남는 거 당신이 다 가지세요. 라고 말하고 싶다.

'자비출판'이 나온 김에 한 마디 하면, 자비출판은 나쁘지 않은 구조이다. 자기 책을 내고자 하는 저자의 가려움을 비교적 저렴한 비용으로 속 시원히 긁어 주는 효자손과 같다. 다만 그 일을 하는 출판사는 출간 종수가 많아야 하기에 결과물이 소홀해질 수 있다는 것을 알아야 한다. 연간 수십 종, 수년 사이에 수백 종이 출간되려면 어떤 구조인지 알아야 한다. 대형 출판사도 못 하는 것을 그들이 한다는 것을 진지하게 생각해 보아야 한다.

좋은 원고는 출판사가 먼저 알아본다. 저자의 기획서와 목차, 본문 몇 장만 보더라도 이 책이 시장에서 어떤 반응을 가져올 것인가를 어느 정도 예측한다. 책을 쓰기 전에 책 제목을 정하고 쓰는 것도 좋다. 하지만 그것은 본문을 완결하는 과정에서 변경될 수 있다. 일반적으로 출판사의 구상으로 책 제목이 달라지는 경우가 더 많다고 보면 된다.

책 제목에는 저작권이 없다. 제목이 같아도 된다는 뜻이다. 부제까지 같을 리는 없겠지만 본문의 내용은 모두 다르기에 같은 제목을 써도 무방하다. 또한 몇 장의 원고 분량을 쓰는 게 좋은가에 대한 정답도 없다. 다만 요즘 추세는 책의 크기가 작아지고 두께도 얇아져 본문은 A4로 75장~95장(10pt, 행간 160) 정도면 충분하다는 생각이다. (출간 분야에 따라 다를 수 있지만 일반적인 에세이나 자기계발서의 경우로 편집 과정에서 페이지를 더 늘리거나 줄이는 것은 편집자의 스킬이다.)

출판사는 저자보다 출간기획서를 먼저 만난다. 출간기획서는 저자의 첫인상이다. 출판사의 흥미를 끄는 매력적인 원고라면 저자는 출판사를 고를 수 있는 '갑의 위치'가 된다. 출판사와 계약하기 전에 먼저 해당 출판사를 알아보고(출간 분야, 출간 연도별 종수 등) 계약서에 사인하는 게 좋다. 물론 출판사와 미팅 전에 '출간 합의'를 보고 서로 기대하고 흥분되는 마음으로 만나야 한다.

출간기획서

출간 도서명(가제)	
부제	
한줄 책 소개	
출간 분야	
저자 소개	주요 학력 및 경력
HP & E-Mail	
기획 의도 및 집필 동기 차별화 된 내용	집필한 원고와 관련된 경험과 전문성 위주의 내용으로 작성
주요 타킷 & 대중성	독자층을 1차 타킷, 2차 타킷 분리도 가능

경쟁 도서와 비교 우위(경쟁력)	
저자의 마케팅 활동력 & 계획	저자의 현재 SNS 활동력이나 출간 후 계획, URL 주소 링크 등
목차	세부 목차 내용이 많을 경우, 본문 내용과 함께 별첨도 가능
출판사에게 제안하고 싶은 사항	저자의 도서 구매 의향이나, 소화 가능한 부수, 출간 제작비 지원 등 출판사의 관심을 끌 수 있는 내용

※ 가능한 한 장으로 작성할 것을 권장하며 두 장을 넘지 않도록 하는 것이 좋음.

6. 베스트셀러보다 스테디셀러가
   좋지 않나요?

내가 쓴 책이 베스트셀러의 명예를 갖게 된다면….
첫 책을 쓰자마자 베스트셀러가 되면 그야말로 '금상첨화'이다.
하지만 그런 경우는 누구에게나 일어나는 일은 아니다. 저자라
면 누구나 책을 쓰기 전에 가져볼 수 있는 '희망 사항'이지만
불가능한 일도 아님을 우리는 잘 알고 있다.

지금은 아니지만 얼마 전까지만 해도 교보문고 스테디셀러 기
준은 '출간 1년 후, 연간 판매량이 200부 이상'이면 스테디셀러
규정 요건이었다. 현재는 '출간 후 6~12개월 도서 평균 판매량
과 누적 판매량을 기준으로 집계'로 바뀌었지만, 독자에게 꾸준
히 사랑받는 책을 출간해야 하는 것은 저자와 출판사가 풀어야
할 난제이다. 그만큼 쉽지 않다는 뜻으로 받아들이면 된다.

	베스트셀러		스테디셀러	
	종합 베스트	인터넷 베스트	스테디셀러	스테디 예감
집계기준	오프라인 + 인터넷에서 판매되는 도서와 eBook의 일정 기간 내 가장 많이 판매된 순위	인터넷에서 판매되는 상품의 지난 일정기간 가장 많이 판매된 순위	교보문고에서 오랜 시간 동안 꾸준히 사랑받고 있는 도서	교보문고에서 꾸준히 판매되는 도서지만, 숨겨진 도서가 대상
	주/월/연간 업데이트	일/주간 업데이트	주간 업데이트	월간 연간 업데이트
	주간: 전주 수요일~금주 화요일 월간: 1주 수요일~4주 화요일 연간: 1월 1주 수요일~12월 4주 화요일	주간: 금일 기준 직전 일주일 일간: 금일 기준 전일	출판 후 1년 이상된 도서중 해당 분야의 주간 평균 판매량을 36주 이상 달성한 도서 집계	출간 후 6~12개월 도서 평균판매량과 누적판매량을 기준 으로 집계

만약 저자의 처지에서 교보문고 '종합 베스트' 혹은 '인터넷 베스트' 순위에 한 번이라도 올리고 싶다면 '주간 혹은 일간 기준 요일'에 맞추어 지인들에게 집중 구매를 부탁하는 것도 좋은 방법이다. 경험에 비추어 보면 하루 100~200부 정도의 판매량이면 3위 안에는 들고, 일간 베스트는 1위도 넘볼 수 있다.

출판사가 선호하는 원고는 스테디셀러의 가능성이 보이는 원고다. '최소 2쇄는 찍겠다.' 싶은 원고로 대부분의 출판사는 저자가 보내온 출간기획서와 본문을 검토하면 '2쇄 정도는 무난하겠구나.' 하는 정도의 눈은 가지고 있다. 지금은 없어진 교보문고의 (구)스테디셀러 기준인 '출간 1년 후, 연간 판매량이 200부 이상' 보일 수 있는 원고라면 환영받을 수 있다. 첫 책으로 스테디셀러가 되는 책을 쓰기란 쉽지 않지만 그래도 한 분야에서 스테디셀러를 노려볼만한 가능성이 큰 콘텐츠는 축적된 경험을 알려주는 책이 아닐까 싶다.

늘 저자에게 하는 얘기가 있다.
"지금 당신이 책을 쓰고 있다는 것을 아는 사람은 몇몇 지인일 거예요. 그중에 당신의 책이 나오기를 기다리는 사람도 있겠지만 손꼽을 정도겠죠. 그러니 당신이 쓰고 싶은 것을 충분히 더 생각하고 더 많이 고치세요. 늦더라도 그렇게 하는 게 옳은 방법이에요. 책은 늦게 나와도 상관없습니다. 한 번 나오면 고치기 어려운 게 책이에요. 지금 쓰고 있는 책이 몇몇 지인들 보라고 쓰는 것은 아니지 않습니까?"

출판업은 사업이다. 문화 사업이란 이름으로 그럴듯하게 포장돼 있지만 돈을 벌어야 하는 일반 사업과 별 차이가 없다. 그런 이유로 저자의 원고는 '투자한 만큼 이상의 수익을 올리는 것'이어야 한다. 적더라도 수익이 나야 하는 것이다. 출판사는 손해가 뻔히 보이는 원고를 구태여 출간할 이유는 없다. 이익의 가능성이 없는데 굳이 출간한 이유는 없지 않은가. 책이 팔리지 않으면 저자는 책이라도 남지만, 출판사는 빚만 남는다. 어느 출판사가 그 일을 좋다고 하겠는가.

7. 아직 당신의 이야기는
   책으로 나오지 않았다.

광고 카피를 쓰며 글쓰기를 시작했다. 헤드라인 밑에 바디 카피를 꼼꼼히 읽는 훈련은 글쓰기에 도움을 준다. 짧은 문장 속에 '설득의 논리'가 들어 있기 때문이다. 불특정 다수를 설득하기 위한 광고 문구의 기본은 초등학교 2학년이 이해할 수 있도록 쓰는 것이다. 글은 쉽게, 짧게, 간결하게 쓰면 좋다는 뜻이다.

글을 쉽게 쓰는 방법은 단문으로 쓰는 것이다. 될 수 있으면 친근한 단어로 짧게 쓰는 것이다. 짧게 쓰면 쉽게 읽힌다. 그림같이 쓰면 기억에 머물게 된다. 쓰고 싶은 주제 안에 단어가 연결되게 쓰는 연습을 하면 된다. 글을 잘 쓰는 방법 중에는 당신이 좋아하는 작가의 책을 그대로 필사하는 것으로 '책쓰기 책'이나 '책쓰기 강의'에서 늘 나오는 이야기다.

글쓰기의 최고는 책쓰기다. "초고는 가슴으로 쓰고 그런 다음 머리로 다시 쓰라."라는 명언이 있다. 신인 저자의 경우, 어디서부터 글쓰기를 시작해야 할지 막막하다면 짧은 글을 쓰는 것부터 하면 된다. 짧은 글을 쓰되 하나의 주제로 쓰면 된다. 모든 문장이 주제에서 벗어나지 않도록 주의해서 쓰면 된다.

처음부터 완벽한 문장을 쓸 필요는 없다. 고쳐 쓰기가 있지 않은가. 위대한 글을 쓰려는 욕심을 버려야 한다. 위대한 글은 모두 '위대한 고쳐 쓰기'에서 나온 것이기 때문이다.

필자가 책 쓰는 방법은 쓰고 싶은 주제를 정한 다음, 써야 할 글감을 무작위로 나열한다. 주로 메모를 이용하는데 수십 개의 소재를 메모한 뒤, 같은 계열의 글을 분류한다. 그중에는 시장의 실태를 조사한 것, 전문적인 것, 경험, 남의 경험을 참고하는 것도 있다. 한 주제 안에 서로 어울리는 글감 소재를 분리하는 것은 어려운 일이 아니다. 하나의 주제(소제목)로 만들고 무작위로 쓰인 메모에 살을 붙이고, 고치면서 문장을 완성해 간다.

또한 초고가 완결되었을 때, 쓴 글을 머리에서 완전히 지우는 시간을 갖는다. 프린트해 놓고 2주일 정도는 거들떠보지 않는다. 철저하게 잊는 시간이다. 그다음 새 마음으로 원고를 읽는다. 그때부터 고치는 작업이다. 독자의 편에서 독자의 시각으로 글을 고치는 것이다. 또다시 일주일을 묵힌다. 또 잊는 시간이다. 이 과정을 몇 번 거치면 글의 완성도는 높아질 수밖에 없다.

이상한 건 출간 원고를 보내는 저자 대부분은 자기가 쓴 글을 한 번도 프린트해 읽어 본 적이 없다는 것이다. 모니터로 보는 글과 프린트로 보는 글은 다르다. 신입 저자는 꼭 이 과정을 거쳐야 한다. 문장을 완결하는 것은 고쳐쓰기와 또 고쳐쓰기다.

무슨 글을 써야 할 지에 대한 고민도 내려놓는 것이 좋다. 주제에 맞는 내용을 표현하기 위해 단순한 언어로 시작하면 된다. 쉬운 글, 흥미를 끌 수 있는 글, 짧은 글로 시작하면 된다. 현학적이거나 추상적인 글, 어려운 언어로 쓴 글은 앞서 얘기한 대중적인 것과는 거리가 있다.

책은 콘텐츠로 쓰면 된다. 세상 유일한 콘텐츠는 당신만의 경험이며, 경험을 쓰는 것이 쓰기도 쉽다. 유려한 문장으로 책을 써야 한다는 압박감에서 벗어나려면 당신의 경험을 쓰면 된다. 경험된 내용을 솎아내 내용별로 정리하면 목차가 되고, 정리된 내용을 구체적으로 덧붙이면 책의 본문이 된다. 타인의 블로그나 유튜브를 보아도 없는 것, 생성형 AI에 아무리 물어도 없는 것이 당신만의 경험이다. 당신의 이야기가 독자에게 주는 이익이 많으면 많을수록 더 좋은 책이 된다.

이 책을 기획하게 된 것도 작가들의 출간 경험을 담은 실용서이기 때문이다. 자기 책을 쓰고 싶은 저자들(시장)은 늘 있고 필자와 뜻을 같이한 저자들이 있기 때문이다. 필자가 출간한《오십에 시작하는 1인 출판》(부제: 평생 현역이 답이다. 퇴직 전에 준비하는 출판의 생존 기술)에서 독자는 지식을 쌓는 것도 좋지만, 경험을 알려주는 '실용서를 더 선호한다'는 증명이 계기였기 때문이다.

> 당신이 읽고 싶은 책이 있는데, 그 이야기가 책으로 나오지 않았다면
> 당신은 그 이야기를 쓰면 된다.
>
> 토니 모리슨

> 당신만이 전할 수 있는 이야기를 써라.
> 너보다 더 똑똑하고 우수한 작가들은 많다.
>
> 닐 게이먼

위 명언은 여러 번 곱씹을 필요가 있다. 명언을 몰라서, 글 쓰는 요령을 몰라서 못 쓰는 게 아닐 것이다. 필자가 즐겨 되새기는 글쓰기에 관한 짧은 시가 있다. 이 삼행시가 '글쓰기를 머뭇거리는 사람'에게 위안과 동력이 되면 좋겠다.

> 글이란
> 쓰다가 지우기도 하고
> 기워서 쓰기도 한다.
>
> _권수구(카피라이터)
> 《명언 그거 다 뻥이야 내가 겪어보기 전까지는》 중에서

짧지만 10년 넘게 출판사를 운영하며 60종의 책을 출간하다 보니 연간 100개 이상 출간 제의가 온다. 그중에 책으로 발간하는 경우는 보통 1종이다. 필자처럼 작은 출판사도 꽤 많은 출간기획서를 받는데 큰 출판사는 최소 열 배, 1,000개가 넘는 출간 제의를 받을 것으로 짐작된다. 하루 20여 개의 출간기획서를 검토하는 것도 큰 출판사 담당자에게는 일이기에 거들떠보지 않고 삭제되는 원고도 많을 것이다. 그러므로 신입 저자가 출간기획서를 보내려면 작은 출판사를 공략하는 것도 방법이다.

책을 쓴다는 것은 '작가'라는 자격을 부여받는 퍼스널 브랜딩이다. '저자'라는 사회적 직함을 갖게 되는 것이다. 저자가 되면 강연 문의도 들어올 수 있고 그 활동으로 수익도 생긴다. 네이버에 인물 검색도 되게 할 수 있고, 점점 유명해지는 등 부수적인 장점이 많다.

저자가 되고 싶은 사람은 글 쓰는 행위에 성실해야 한다. 블로그나 페이스북, 유튜브 등 SNS 채널에 포스팅하는 것을 꾸준히 할수록 좋다. 또한 SNS로 만난 관계는 훗날 당신의 독자로 이어지는 통로가 되니 연결의 끈도 적당히 맺어 두어야 한다.

아직 당신의 이야기는 책으로 나오지 않았지만, 당신의 이야기가 책으로 나올 것을 기다리는 출판사가 있다는 걸 잊지 마시라.

책쓰기
AI가 묻고 인간이 답하다

인공지능도 모르는 작가들의 책 쓰는 비법

초판 1쇄 발행 | 2024년 3월 15일

지은이	송하영 윤소정 황순유 유지나 이호경 김기진 흔들의자
펴낸이	안호헌
에디터	윌리스

펴낸곳	도서출판 흔들의자
	출판등록 2011. 10. 14(제311-2011-52호)
	주소 서울특별시 서초구 동산로14길 46-14. 202호
	전화 (02)387-2175
	팩스 (02)387-2176
	이메일 rcpbooks@daum.net(원고 투고)
	블로그 http://blog.naver.com/rcpbooks

ISBN 979-11-86787-57-1 13190
ⓒ 흔들의자